Paul Auster – Fehér terek

Hegyi Pál

Paul Auster – Fehér terek

Hegyi Pál

© 2016 Szeged, AMERICANA eBooks

General editors: Réka M. Cristian & Zoltán Dragon

© Hegyi Pál

ISBN: 978-615-5423-38-3 (.mobi); 978-615-5423-37-6 (.epub); 978-615-5423-36-9 (PoD)

Korrektúra: Dr. Berta Ádám
A borító Szemmelveisz Janka munkája.
A kötetet tervezte: Dragon Zoltán

AMERICANA eBooks is a division of *AMERICANA – E-Journal of American Studies in Hungary*, published by the Department of American Studies, University of Szeged, Hungary.
http://ebooks.americanaejournal.hu

TARTALOM

Apámnak

I. ELŐSZÓ

Paul Auster-szöveg 1991-ben jelent meg először magyarul. A *New York trilógia* sikere posztmodern regényíróként kanonizálta, s hozta meg a nemzetközi áttörést az addig itthon ismeretlen, fiatal amerikai szerzőnek, akinek 1987-ben megjelent első regénye a korabeli viszonyok között kifejezetten gyorsan ért el a hazai olvasóközönséghez. Miután a *Holdpalota* és *A véletlen zenéje* is kiadásra került, érezhető volt, hogy a bemutatkozó regény recepciója erősebben kapcsolja a *New York trilógiát* a többi posztmodern krimihez, mint ezek a művek utólagosan visszaigazolnák annak ellenére, hogy a kritikai fogadtatás aránytalanságai ekkor még nem voltak szembeötlőek. Mégis, az egyre bővülő életmű darabjaiban kitapintható diszkurzív különbözőségek és poétikai azonosságok egyre erősebben kérdeztek rá a kritika besorolásának elméleti megalapozottságára. A *Mr. Vertigo* és a *Leviatán* után sorra jöttek ki az újabb kötetek, majd ha késve is, de a korai művek fordításai is a polcokra kerültek. 2005-ben *A végső dolgok országában*, 2007-ben *A szem önéletrajza* gyűjteményes verses kötete, 2009-ben pedig a *Máról holnapra: a korai kudarcok krónikája* is elérhetővé vált magyarul, a hazai mozik pedig műsorra tűzték Auster filmjeit. A szerző életműve nőttön nőtt, miközben a szakmai közösség nagy része még mindig a *New York trilógiával* kapcsolatban ismert megállapításait ismételte. Az angolszász kritika több alkalommal is kísérletet tett, hogy utólag teremtse meg/állítsa helyre Auster elmaradt, irányt tévesztett recepcióját, ám a várt áttörés csak részben volt sikeres. A legígéretesebbeknek jelen munka szempontjából azok a kezdeményezések tűntek (többek között Jeffrey T. Nealoné, valamint Julie Cambellé), melyek Auster korai műveinek feldolgozására irányultak. A felütés Austernél ismerős regressziójából is következik (a történet mindig korábban kezdődik...), hogy az olvasó Auster pályájának rendkívül izgalmas, invenciózus korai szakaszára szorítkozva járja be az így feltáruló poétikai teret. A *New York trilógia* egyértelműen határterület, a regény megírása után az egykori költő-drámaíró Auster soha többet nem tér vissza választott műfajaihoz. Egy olyan író esetében, aki műveiben a jelölés láthatatlan, üres, fehér tereit rója, saját poétikájához igazodó, annak belső logikájából következő döntésnek látszik a recepció fehér terében/vakfoltjában eltűnő műveket: az induló Auster verseitől drámáin, emlékiratain át egészen az első kiforrott kötet (*Üvegváros*) kiadásáig terjedő periódust feldolgozni. Auster szövegvilágában, ahol azt olvassuk az írásról, „hogy ennek a vállalkozásnak a kudarc a lényege" (Auster 1982, 20 – Saját fordítás), nagyon is helyénvalónak tűnik azon művek feltérképezése, melyekben a korai évek megpróbáltatásai csak felerősítik az önkifejezés eleve kudarcra ítélt erőfeszítéseit. Ezeket a szövegeket ráolvasva a később megszületendő regényekre megválaszolható a kérdés, hogy vajon az austeri poétika alapvetően ellenáll-e a jelentéselhalasztódással, a lebegő jelölők szabad játékával és disszeminációval jellemezhető derridai dekonstrukciós olvasatoknak, vagy éppen hogy feloldódik bennük. A kritika részben tapasztalható értetlensége talán éppen abból táplálkozik, hogy Auster áttörést jelentő, *New York trilógia* című kötetének narratív jegyei kiemelten alkalmasnak bizonyultak a dekonstrukciós olvasói eljárások mechanikus/illusztratív bemutatására a szöveg ismeretelméleti, létELMÉLETI kontextusaiból kiragadottan is. Megkerülhetetlennek tűnik ezért Paul Auster sajátos, a fősodortól eltérő modernizmus utáni poétikájának felvázolása első, áttörést jelentő regényét megelőző műveiben. A korai művek kudarcaiból kibontakozó filozófiai, esztétikai kérdések alkalmasak lehetnek a *New York trilógia* lezáró, készen kínált olvasatainak megnyitására is, ami szinkrón módon megváltoztathatja a később keletkezett művek értelmezési kereteit is. Az Auster-művekben visszatérő *véletlen* a szövegek mélystruktúrájából kiszakítva például ugyanúgy bírálható elégtelen realizmusként, ahogyan dicsérhető mint a premodern kauzalitásra jelölt deus ex machina rafináltan posztmodern felülírása, vagy akár tekinthető olyan narratív eszköznek is, amely a mágikus realizmus felé tereli a szöveg valamennyi stílusjegyét. Amennyiben azonban sikerül a modern-posztmodern polaritás szimmetriájából kibillenteni az Auster-poétikáját leíró fogalmakat, a mechanikus felülírás helyett a szövegben rejlő radikálisan eltérő kockázat bomlik ki. Márpedig a szerző biztosít minket, hogy a tét nem kicsiny: mindez élet-halál kérdése. Auster poétikájának feltérképezése azzal fenyeget, de csábít is egyben, hogy egy ilyen kimozdított értelmezés az olvasót a jelölők szabad játékától a szerző utáni kutatás, vagyis végső soron az önazonosság kaotikusan örvénylő kérdései felé vonzza.

II. AZ AUSTER-RECEPCIÓ KÉRDÉSEI

> *Mottó*: „Ha valaki nem tart lépést társaival,
> ennek talán az az oka, hogy más dobosra
> hallgat." H. D. Thoreau (Thoreau 354 –
> Szőllősy Klára fordítása)

Paul Auster műveinek recepciója a kezdetektől fogva ellentmondásos. A ma elsősorban íróként (forgatókönyvíró-filmrendezőként talán kevésbé) ismert szerző pályáját 1974-ben költő-drámaíró-műfordítóként kezdte, és bár későbbi prózája felől visszaolvasva a kritika újra felfedezte verseit, annak idején nem keltettek különös feltűnést. Minimalista verseit Edmond Jabès, Paul Celan, Charles Reznikoff, Laura Riding költészetével rokonítják, drámáit Beckettével vetik össze, ám ez a hang elhallgat egy emlékirat, az 1982-es, *A magány feltalálása*[1] megírásával, hogy aztán örökre eltűnjék átadva helyét az Én-ek történeteinek. Az ezután következő *Üvegváros*, illetve a *New York trilógia* újabb két kötete a posztstrukturalista-posztmodern kritika részéről váratlanul élénk elismerést kap; cikkek, tanulmányok, interjúk tömkelege lát napvilágot: a regény és ezzel együtt az eladdig mellőzött szerző kanonizációja elkerülhetetlenné válik. Olyannyira, hogy a könyv sikere átcsap az óceánon, és eléri Spanyolországot, Skandináviát, egész Európát, de Japánt is. Auster átlag kétévente újabb regénnyel jelentkezik, azonban a szakmai visszhang az első prózakötet recepciójához mérten meglehetősen gyér. Mintha a trilógiát követően, az általa megteremtett elvárásrendszerhez képest valamiféle közömbösség, értetlenség övezné ezeket a szövegeket, csakúgy, mint korábban a verseket, drámákat is. A kritikai közvélekedés szerint: „Paul Auster prózája olyan – nem is kicsiny – művészi teljesítményre volt képes, mely párosítja az identitás elérésére tett mániákus amerikai erőfeszítést azzal az európai kérdésfeltevéssel, hogy hogyan, miképp tűnik és vész el az önazonosság" (Baxter 41 – Saját fordítás). És valóban, fordításokat is elsősorban Európában, illetve azokban az országokban jelentetnek meg, ahol virulens hagyományai vannak az

---

[1] Saját fordítás. Eredetiben: *The Invention of Solitude* (Auster, 1982).

európai filozofikus, metafizikus irodalmi orientációnak. Auster regényírói pályája elején – legalábbis áttételesen – a romantikus, metafizikus és transzcendentális amerikai irodalmi hagyomány háttérbe szorulásával magyarázza, hogy az Egyesült Államokon kívül sikeresebbnek számít, mint hazájában.

A helyzet az, hogy az amerikai regény megváltozott. Engem szenvedélyesen foglalkoztatnak az olyan szövegek, mint Melville és Hawthorne regényei, Poe történetei vagy Thoreau írásai, melyek érdeklődése nem köthető a szociológiához, ami felé a regényírás az Egyesült Államokban fordult. Az teljesen más. Ezeknek a műveknek filozófiai, metafizikai dimenziói voltak, melyekről mára megfeledkeztek, vagy egyszerűen csak figyelmen kívül hagyják őket. (Idézi: Varvogli 4 – Saját fordítás)

A kritika értetlenkedésének okaira világít rá Merivale 1997-ben megfogalmazott állítása: „Nem annyira posztmodern, mint inkább aszketikus és filozofikus. Ne dőljünk be annak, ahogyan kacérkodik a posztmodernnel, hősei valójában morális, sőt sztoikus és vallásos peregrinációjukat járják, s ennek jelentőségéhez képest a metafikcionális játékok csupán másodlagosak" (Merivale 189 – Saját fordítás). A *New York trilógia* állatorvosi lóként kiváló példatárnak bizonyult ahhoz, hogy a kritikus a posztmodern posztstrukturalista terminustárát izomorfikus módon, egy az egyben megfeleltetve mutassa be adott szöveghelyeken.[2] Ugyanez az eszköztár látszólag kevésbé képes arra (vagy egyszerűen csak nem érdekelt abban), hogy fogást találjon az egyre nagyobb olvasótábort vonzó újabb és újabb regényeken. Maguk a kritikusok is reagáltak a recepció önellentmondásaira.

Az 1990-es Auster-regényről megjelent cikkek hiánya szembetűnő. [...] Míg a *New York trilógiá*t, ami tökéletesen beleillik a jelölők és jelöltek, a végtelen nyelvi játékok és tükörképek posztmodern értelmezési keretébe, Derrida dekonstruktív elvei szerint értelmezték, addig *A véletlen zenéje* ellenáll bármely posztmodern, posztstrukturalista interpretációnak. [...] *A véletlen zenéjé*ben Auster hatásosan használja fel a játék-struktúrát arra, hogy végeredményben magát a posztmodernt dekonstruálja. (Moss 695 – Saját fordítás)

Egyszerűbb megfogalmazásban: „Auster kritikusai lemaradtak" (Merivale 186).

---

[2] „Az anti detektívtörténet és a posztmodern mechanikus összekapcsolásának veszélyét mutatja, hogy Dosztijevszkij, Kafka, Greene és Dürenmatt regényei is értelmezhetők anti-detektívtörténetként és ez természetesen nem azt jelenti, hogy posztmodern szövegekként kell látnunk őket [...]" (Bényei 31).

Érdemes egy pillantást vetni Auster hazai recepciójára. Mint a függelékben megadott bibliográfiából kiderül, annak ellenére, hogy Austernek eddig több mint tucatnyi regénye jelent meg a magyar könyvpiacon (számos ezek közül utánnyomásban is), a kritikai reakció ugyancsak visszafogottnak mondható.

Itthon a külföldi, posztmodern, minimalista, kortárs, metamodern szerzők szűk körére igaz csak, hogy aktuális újdonságaik szinte azonnal magyarul is hozzáférhetőkké válnak, Auster esetében azonban még rajongói honlap is várja az író iránt érdeklődőket[3]. Mindennek ellenére meglehetősen szerény az amerikai szerzővel kapcsolatban született magyar nyelvű tanulmányok száma, de még ez a néhány esszé is szinte mind kivétel nélkül a *New York trilógiá*ról íródott.[4] A nyomtatásban megjelent recenziók mennyisége még csekélyebb. A hazai irodalomtörténeti kánonok sem sokkal kegyesebbek a szerzőhöz. A 2008-as akadémiai világirodalom, akárcsak Abádi Nagy Zoltán *Mai amerikai regénykalauza* Don DeLillo nevét megemlíti, Austerét már nem. Egyedül Bollobás Enikő *Az amerikai irodalom története* című munkájában található egy másfél oldalas ismertető Paul Austerről.

> Auster igazi posztmodern író [...]: a detektívregény, a film noir, a metafikció, az önreflexivitás, az ellenutópisztikus-disztópikus fantázia, a nyelvvilágúság és az apokaliptikus képzelet formai jegyei egyaránt felfedezhetők műveiben [...]. A posztmodern felülírás mestere, aki a detektívregényt, a keresésregényt, a pikareszkregényt, a fejlődésregényt, a nevelésregényt, a tündérmesét, valamint az utópiát és a disztópiát éppúgy újraírja, mint a XIX. századi nagy klasszikusokat, így Poe-t, Hawthorne-t és Thoreau-t. Metafizikai krimijeiben metafikcionális és önreflexív narratív technikákat alkalmaz, nyelvi rejtvényeket ad fel olvasóinak; hasonmásokat, megtöbbszöröződött (vagy hasadt) személyiségeket és (iker)párokat jelentet meg, szereplői gyakran bújnak egymás bőrébe, illetve bizonytalanok (vagy tévednek) saját identitásukat illetően; mindez – az iker-, illetve a *Doppelgänger*-motívummal együtt – az újraírás jegyében értelmezhető. (Bollobás 2005, 674)

Az amerikai irodalom története egészen a 2002-es *Book of Illusions*ig kíséri a szerző munkásságát, a másfél oldalon (nem számítva a „metafizikai krimit" és „episztemológiai krimit") nyolcszor szerepel a detektív szó, mivel a

---

3 www.paulauster.hu
4 Bényei Tamás detektívtörénetről írt, *Rejtélyes Rend* című munkájában található egy Xavier Villaurrutia- és egy Patricia Merivale-idézet közé ékelt *New York trilógia*-ismertető, amely az utóbbi kritikus, dolgozatom szempontjából lényeges, az identitás kérdésére vonatkozó megállapításával zár: „[A] detektív a gyilkos és az áldozat hármas különbségrendszere szolliptikus egységbe olvad" (Bényei 15).

szöveg népszerűsége miatt a *New York trilógia* rövid elemzésével zárja *A kanonikus posztmodernizmus* című fejezetet.

A posztmodern lebegő definíciói közül a nemzetközi kritika egyre kevesebbet talál megfelelőnek arra, hogy a trilógián kívül más Auster-szövegre ráaggassa. Ez a furcsa helyzet egészen szélsőséges reakciókat váltott ki a recepcióból. Egyik recenzense egyenesen „antiposztmodern" íróként (Dimovitz 614) aposztrofálja Austert, míg Peter Schneck a „new kids on the literary block"[5] (Schneck 66) sok más jelese (többek közt Steve Katz, Raymond Federman, Ronald Suckenick, Don DeLillo, William Gibson, Tom Robbins) mellett McCafferyt követve annak új stílusmegjelölésével „Avant-Pop"[6] szerzőként sorolja be Paul Austert is (ibid.).

A költő '82-es prózájának megjelenésével változott a műnem, A *New York trilógiá*t követően pedig kötetről-kötetre változik a regényvilág is.[7] Ugyanakkor az 1994-ben hiánypótlóként Paul Auster és Danilo Kiš munkáinak szentelt *Review of Contemporary Fiction* tavaszi száma tanúsítja (Barone 1994b), hogy az amerikai szerző szövegei változatlan erővel és frissességgel mozgósítják a dekonstrukció gyakran mechanikusan alkalmazott értelmezői stratégiáit. A kritikai distancia azonban ekkor is több ponton megfigyelhető. Egyrészt nem véletlen, hogy Austert annak ellenére az európai Danilo Kiš mellé szerkesztik, hogy a két szerző szövegei csak igen nagy perspektivikus távolságból rokoníthatók, másrészt nyilvánvaló az erőfeszítés, hogy egy erősen kanonizált író elmaradt kritikáját a felkért teoretikusok utólag teremtsék meg. A *New York trilógia* felülreprezentált kritikai öröksége azonban továbbra is ott kísért a konceptuális kiadvány szövegeiben. A sorra megjelenő regények egyre szélesedő olvasói tábort hódítanak meg az Austert kultikus figuraként tisztelő rajongók mellett. Mindez természetesen köszönhető annak, hogy könyveit egyre több nyelvre fordítják le, betudható a filmművészet területén tett számos kirándulásának is [*Végjáték* (1993), *Füst* 1995), *Egy füst alatt* (1995), *Lulu a hídon* (1998), *Fluxus* (2004, Csáki László rendezése Auster *Timbuktu* című regényének ötlete alapján készült), valamint – az ez idáig hazánkban nem forgalmazott – *The Center of the World* (2001), *Le Carnet Rouge* (2004), *The Inner Life of Martin*

---

[5] Lefordíthatatlan szójáték. Körülbelül: „Új fiúk az irodalmi térről."

[6] Auster *Blackouts* című drámájával kanonikus helyet kap az avant-pop szerzők között. Az elmélet szerint a kultúra termelésének ipari jellege, valamint a stílusburjánzás (a populáris regiszter iránt elkötelezett alkotókkal karöltve) együttesen alakítja ki azt az attitűdöt, amit az avantgarde dekonstrukciója (szubverzió, radikális formai kísérletek) és a meglepő és mulatságos popkultúra rekonstrukciója egyaránt jellemez. Még ha széles körben elterjedtté válna is ez a kategória, az akkor is erősen kétséges marad, hogy az amerikai metafizikus, romantikus hagyományokra építő, a popkultúrával épp csak köszönő viszonyban lévő Auster (kevés a példa: a flipper mint motívum, *Füst* c. film popsztárjai) művei idesorolhatók lennének.

[7] A 2017-ben megjelenő Auster-regény ebből a szempontból ismét igazi meglepetés.

Frost[8] (2007) és *It Was Mine* (2015)]; a kritikusok mégis – például legközelebbi írótársához, barátjához, DeLillóhoz[9] képest – kevéssé termékenynek bizonyulnak az újabb regényeket olvasva. Mindez annál is zavarba ejtőbb, mert abban azért a megszületett kritikák maradéktalanul egyetértenek, hogy Auster monomániái műveiben oly mértékben nyilvánvalóak és megragadhatók, hogy rá teljes mértékben illik a közhely, miszerint ugyanazt a regényt írja minden szövegében. Olvasói tábora egyre nő, állítólag már az Államokban is a pult alatt tartják a könyveit, mivel tán ezeket lopnák el leggyakrabban.[10] Ezen felül Auster művei a posztstrukturalista értelmezők számára azért is vonzóak lehetnek, mert olyan elméletekre épülnek, mint a nyelv ontológiai státusza, a szubjektum diszkontinuitása, a befogadás aktusának apóriái. Az a körülmény tehát, hogy a kritikai lelkesedés éppen a trilógia után lohadt le, a kritika Austerhez való viszonyát jellemzi beszédesen.

A recepció teremtette furcsa helyzetben felmerül egy olyan vizsgálat lehetősége, ami az Auster-szövegekről írtak alapján nem pusztán egyes interpretációs stratégiák kritikáját, dekonstrukcióját tenné lehetővé, arra is rávilágíthatna, hogy a disszeminációra, az eldönthetetlenségekre koncentráló tekintet a szöveg mely aspektusait hagyja vakfoltban, illetve hogy miért éppen a trilógia értelmezésében volt érdekelt a kritika. Az eltérő műnemű, műfajú, világú alkotások azonosságainak és különbözőségeinek felmutatásával egy ilyen vizsgálat kirajzolhatja azt a labirintusszerű szövegteret, amelyet a művek variációi bebarangolnak. Ennek a kutatásnak paradox módon a *New York trilógiá*t mint vakfoltot kell körüljárnia, mert ez az a szöveghely, amit a kritika légiója centrumként jelöl ki, s amit ezért decentrálni, központi, hierarchikus pozíciójától megfosztani mindenképp szükséges. Ennek a lehetősége akkor vált igazán kézzelfoghatóvá, amikor 1995-ben a *Review of Contemporary Fiction* vállalásának sikerén felbuzdulva Dennis Barone[11] szerkesztésében megjelent egy teljes egészében Auster munkásságának szentelt tanulmánykötet, a *Beyond the Red Notebook*. A tét elsősorban az volt, hogy sikerül-e a trilógia és a korábban vagy később született művek kritikai fogadtatása közti aránytalanságot felszámolni. A bevezető tanulmányban Barone kifejezi abbéli reményét, hogy a kiadvány elindít egy régóta kívánatos folyamatot; és valóban, egy kötet erejéig hiánypótló kritikai szövegek sora követi szavait. Barone az előszóban azt is

---

[8] Lásd erről: Hegyi 2014
[9] Vö. DeLillo mint a *Bezárt szoba* irigyelt írófigurájának modellje.
[10] Auster egy interjúban értetlenségét fejezi ki a lopások miatt: „Lehet, hogy a krimiszál miatt lopják a könyveimet. Fiatalabb koromban sok haverom lopott könyveket"(Rabb 2009 – Saját fordítás).
[11] Barone maga is azon a véleményen van, hogy Auster szembe megy az árral: „Az egyik példa olyan valakire - egy látszólag fuldoklóra -, aki a mindent elsöprő árral szemben úszik, Paul Auster" (Barone 1994a, 32 – Saját fordítás).

megjósolja, hogy a kilencvenes évek végére az Auster-kritika exponenciális növekedését figyelhetjük majd meg (Barone 1995, 1). Érthető bizakodása, hogy a töretlen olvasói sikert, Auster „kultikus" státuszát követve lassan az elmaradt kritika is beéri önmagát.

Mi történt, illetve mi nem történt a nyolcvanas évek elejétől a kilencvenes évek végéig tartó majd' másfél évtizedben, illetve azóta, és főként miért? Hogy milyen mértékben, de leginkább, hogy mi okból problematikus az Auster-kritika, az kitűnik a hiánypótló esszékötetet szerkesztő Dennis Barone méltató szavaiból:

> „Bármi megtörténhet": ez a mondat minden Auster-regényben megjelenik, és e könyvek arról az erőfeszítésről szólnak, ahogy az ember értelmet ad ennek a ténynek. Ezért kiemelkedő író Auster: ötvözte a *posztmodern* szubjektivitás kérdésfeltevését a *premodern morális kauzalitással*, és „megfelelő mértékű" *realizmussal* elegyítette. (Barone 1995, 6 – Saját fordítás, kiemelés tőlem)

2.1 A KÖTÉLTÁNCOS

A fenti kijelentés összegubancolódott fogalmi hálója világosan mutatja, milyen problematikussá tud válni Auster interpretációja, amennyiben az a posztmodern esztétikai paradigma felől illusztratív céllal közelít ezekhez a szövegekhez. Nyilván nem állítható, hogy az effajta megközelítés eleve elhibázott lenne, de szükségesnek látszik az Auster-szöveg esztétikai vizsgálata előtt felfejteni annak ontológiai, ismeretelméleti előfeltevéseit: tisztázni azokat az alapfogalmakat, metaforákat, szimbólumokat, amelyek meghatározzák az irányt, ahonnan a szövegek kérdései érkeznek. A Barone idézett szavai mögött meghúzódó előfeltevések vizsgálata, az azokra való rákérdezés ugyanis többet mondhat el az Auster létrehozta formáról, mint maga az idézet. Erőltetett *deus ex machina* lenne csupán a véletlen fogalmának szerepeltetése a fikcióban? Ugyanazt jelenti-e a realizmus Lacan 1953-as, a „*Le symbolique, l'imaginaire et le réel*" című előadásában először elhangzó Valósa után, mint előtte? Lehet-e megfelelő mértékről beszélni olyan szövegek esetében, amelyek az egzisztenciális „végeken" játszódnak? És ha már morális a kauzalitás, miért kizárólag premodern?

> Akinek van annyi esze, hogy felpillantson a könyvéből, és megnézze, hogy pontosan mi is van az orra előtt, annak számára nyilvánvaló, hogy a realizmus úgy, ahogy van, pusztán szélhámosság. Másképp fogalmazva: az igazság különösebb, mint maga a művészet. Az én célom, azt hiszem,

éppen az, hogy a regényeim legalább annyira különösek legyenek, mint a világ, amelyben élek."[12] (Auster 1995, 116-117)

Barone realizmus fogalma nyilván nem azonos a fenti állítás realizmus fogalmával. Az első sokkal inkább a valósághűség (*verisimilitude*, „az igazságnak hasonlatossága") esztétikai normatívájához, a második egy ismeretelméleti törlésjelhez köthető. A két jelentés éppen ezért nem állítható egymással dialógusba. Mint arról a későbbiekben Beckett kapcsán részletesen is szó lesz[13], Auster saját kora esztétikai vállalásának azon forma megtalálását tekinti, mely képes magában foglalni a káoszt, felmutatni annak valódi jelentőségét, és lehetővé tenni az önmagán kívül található Én történeteinek megírását. Ezen a ponton egy, a kognitív pszichológia felől érkező megállapítást szeretnék idézni:

> Izgalmas kapcsolatok teremtődnek meg már a XX. század elejétől a mindentudó író és világos célrendszerű hősök világát felváltó cél s rendezőelv nélküli benyomásokon s viselkedéstöredékeken alapuló írásmód között. [...] A régi regényírók az élet különös, kaotikus anyagából az egyszerű és világos racionalizmus szálát igyekeztek kibontani, optikájukban a cselekvést racionálisan megragadható indok szüli, majd a cselekvés új cselekvést vált ki. A kaland nem egyéb, mint cselekedetek világos oksági láncolata. A mai felfogásban nincsen külön Én, aki a történeteket rendezné egy karteziánus színházban. Maga a *Self* „csupán" a történetek valamiféle közös nézőpontja lesz. (Pléh)

A „premodern morális kauzalitás" visszafejtése helyett megindul a nyomozás a történet „közös nézőpontja": az olvasó, illetve a szerző után.

Mielőtt e dolgozat rátérne Auster korai, az életművet megalapozó szövegeinek tárgyalására, elsődleges feladatomnak tekintem annak a teoretikus térnek a körbejárását, melyben olyan fogalmak köré szerveződtek

---

[12] Vö. „Esztétikai szempontból a véletlen elemek bevezetése a fikcióban legalább annyi problémát idéz elő, mint amennyire megoldást jelent. Rengetegszer kaptam fejmosást ezért a kritikusoktól. A szó legkövetkezetesebb értelmében tekintem magamat realistának. A véletlen része a valóságnak, folyamatosan alakítanak bennünket a véletlen egybeesések erői, a váratlan események bénító gyakorisággal jelennek meg életünkben. Mégis az általános vélekedés szerint a regényeknek nem szabad bizonyos mértéken túl támaszkodniuk a képzelőerőnkre. Bármi, ami megokolatlanul történik, máris erőltetetté, mesterkéltté, és „valószerűtlenné" válik. [...] Ezekben az (úgynevezett realista) regényekben minden szépen el van simítva, és ezzel az eseményeket egyediségüktől megfosztottan, beskatulyázva látjuk egy teljességgel kiszámítható, ok-okozati viszonyokra épülő világban" (Auster 1995, 116-117 – Saját fordítás).

[13] „Nem azt mondom, hogy a jövőben megszűnnék a művészi forma. Mindössze azt állítom, hogy új forma jön létre, amely képes magába fogadni a káoszt, és nem annak bizonyításán fáradozik, hogy a káosz voltaképp valami egészen más. [...] Megtalálni azt a formát, mely képes helyet adni a rendezetlenségnek, ez korunk művészének feladata" (Idézi: Dirver 13-14 – Saját fordítás).

ezek a korai művek (Auster verseiben, prózájában, drámáiban, esszéiben egyaránt), mint a magány, a csend, az eltűnések és fehér terek, az emlékezet; illetve a fal és a kő szimbólumai.

Auster francia irodalmi kötődéséről a későbbiekben lesz még szó, már csak azért is, mert igyekezett, s a mai napig igyekszik olyan műveket átültetni angolra, amelyek saját művészetének kiinduló pontjait jelentik. Így került sor Joan Miro (Auster, 1986), Jacques Dupin (Auster 1974), Jean-Paul Sartre (Auster 1978), Stephan Mallarmé (Auster 1983), majd a *Random House Book of Twentieth-Century French Poets* antológiában (Auster 1984) Jean Chesneux, Tristan Tzara, Jacques Prévert, Max Jacob, és Andre Bréton fordítására is. Részt vett egy-egy Joseph Joubert- (Auster 1983), André de Bouchet-kötet (Auster 1976) átültetésében, interjút készít Edmond Jabès költővel a *Sin of the Book* (Jabés 1985) mellékleteként, valamint előszót is ír a válogatáshoz (Auster 1988). Ezen versek esetében inkább beszélhetünk előszövegekről, mint Knut Hamsun *Éhség* című regénye kapcsán, melyhez 1998-ban úgyszintén előszót ír, s mely pretextusként egyszerre előfeltételezi, de társszövegként meg is szólítja az olyan kulcsregényeket, mint a *New York trilógia* vagy a *Máról holnapra*. Mégis az egész életműben talán ha egy-egy pont akad, ahol Auster szinte szó szerint visszhangoz egy nem beidézett gondolatot. Az egyik rímhelyzet esetében a két összecsengő mondat közti szintaktikai, gondolatritmus-béli különbség érezhetően az értelmezés folyamatában, a stilisztikai szándék eredményeképp jön létre. Maurice Blanchot *L'espace littéraire* című, magyarul is olvasható szövege éppen 1982-ben, *A magány feltalálása* kiadásának évében jelenik meg angol fordításban. Auster hivatkozásaiból feltételezhető, hogy ekkor már jól ismerte az 1955-ös francia eredetit. A szerző pályája későbbi szakaszában két Amerikában megjelent Blanchot-kötet munkálataiban is részt vesz fordítóként; az első a *Vicious Circles: Two Fictions & After the Fact* (Auster 1985), amit majd' másfél évtizeddel később egy kompiláció, a *Station Hill Blanchot Reader* (Auster 1998) követ.

Az 1982-es, szöveghű angol fordításának egyik mondata így hangzik: „Memory says of the event: it once was and now it will never be again"[14] (Blanchot, 30). Auster félre- vagy *el*olvasatában ugyanez *A magány feltalálása* utolsó mondataként: „It was. It will never be again. Remember" (Auster 1982, 185)[15].

A stilisztikai aszketizmus, a lecsupaszított, csonkolt, szikár és csontvázszerű felszólító szerkezet; az elhagyható, elhagyandó fölösleget betöltő lakunikus űr (vö. Malmgren 22) megerősíti a párhuzamosságokat, melyek Auster egyik legkontemplatívabb munkájában, *Az emlékezet*

---

[14] „Az emlékezet annyit mond az eseményről: egyszer volt, és már soha nem lesz többé." (Saját fordítás)
[15] „Volt. Nem lesz többé. Emlékezz." (Saját fordítás)

*könyvé*ben találkoznak végül (Auster 1982, 70-172). A Blanchot- és Auster-szövegek ontológiai, episztemológiai dialógusa révén létrejövő szövegtérben markánsan kirajzolódik az a hiányra koncentráló poétika, mely diszkurzív szervezőerőként a véletlenszerűséget, a Foucault-i felfogásban értett *„aléa"* (Foucault 69) fogalmát mint véletlenszerű megszakítottságot, cezúrát, üres helyet, radikális diszkontinuitást és a rendezetlenséget határozza meg. A redukció kimeríthetetlenségének ezen mintázatait Blanchot filozófiája felől olvasva a lebegő jelölők játékának szimulációiból felszabaduló energiáktól egyre távolabb, az irodalmi avant-garde írásmódjában rejlő humanista hagyományhoz egyre közelebb jutnak az értelmezések.

A bloomi hatásiszony Auster szövegeiben tét és részben maga a cselekmény is (vö. *A magány feltalálása, Holdpalota)*, a maga számára megteremtett kánon kirajzolta személyes hagyomány íve diakrón módon messzire nyúlik, az ide sorolt szövegek ugyanakkor szinkrón társ-szövegei is az austeri életműnek. Az eddig felsorolt jelenbéli és a háború utáni félmúlthoz tartozó szerzőkön kívül Auster írásaiban néven nevezve jelen van többek között Szent Ágoston, Marco Polo, Miguel de Cervantes, Leopardi, Hölderlin valamint két később élt, fontos, német nyelven író szerző, Kafka és Celan; aztán következnek az amerikai transzcendentalisták, romantikusok és kortársaik: Poe, Hawthorne, Emerson, Thoreau, Whitman; az orosz realizmus: Tolsztoj, Dosztojevszkij, a franciák: Montaigne, Mallarmé, Baudelaire, Verlaine, Rimbaud: a szürrealizmus, a dada, és kiemelten Beckett. Interjúkban, írásaiban Auster megemlíti a klasszikus teoretikusokon kívül Bataille-t (Auster 1995, 113), Lacan-t (143), de egy equillibristát is, a francia kötéltáncos, Phillippe *Petit* *a*kcionizmusát (Auster 1995, 88-98). Auster Petit határsértései és határon levése apropóján a következőket írja a tiszta művészetről: „A felhők között járt kötéltánc nem a halál művészete, hanem az életé – mégpedig a legvégletesebb módon megélt élet művészete. Vagyis azé a művészeté, amely ahelyett, hogy elbújna a halál elől, egyenesen a szeme közé néz" (98 – Saját fordítás). Annak megértéséhez, hogy a magasban kifeszített drótkötélen egyensúlyozó művész gerilla-akcióiban mit lát Auster tekintete, olvasójának előbb Orpheusz pillantásán szükséges keresztülhatolnia.

III. AZ IRODALMI TÉR

Mottó: „Valamit meg kell érteni: nem mondtam
semmi rendkívülit, de még meglepőt sem.
Minden, ami rendkívüli, csak azután
következik, hogy befejeztem. De arról többé
képtelenség beszélnem." Paul Auster
Blanchot-idézete (Auster 1982, 63 – Saját
fordítás)

A jellegzetes Auster-hős igen hasonlatos Knut Hamsun *Éhségé*nek utcákon
kóborló költőjéhez, a tér azonban – a nyilvánvaló párhuzamok ellenére –
jobban már nem is különbözhetne a tizenkilencedik századi Krisztiániától.
A céltalanul sodródó, saját eltűnéséhez közelítő protagonista léptei nem
pusztán egzisztenciális kérdések feltevésére szolgálnak ürügyül. Mi készteti
az írót írásra? Honnan származik az efféle vállalás eredete, és vajon mi lehet
az azt előfeltételező kreativitás forrása? Mi az olvasó szerepe? Miként
közvetíthető a mű jelentése? Milyen módon vethető össze az írás és az
olvasás aktusa más egyéb emberi tevékenységekkel? Hogyan fonódnak
össze az emberi állapottal annak irodalmi, filozófiai, társadalmi, politikai és
történelmi dimenziói? Egyszerűbben: ki az író, ki az olvasó és mi a mű?
Maurice Blanchot *Az irodalmi tér* (Blanchot 2005) című összefoglaló
munkájában paradox módon ezek a kérdések a válaszadás akadályává, de
egyszersmind magukká a válaszokká, illetve a válaszadás lehetőségeivé is
válnak. Mielőtt a kötet ötödik fejezetében helyet foglaló (korábban és
később külön is megjelentetett) *Orpheusz pillantásá*val részletesebben is
foglalkoznék, előbb egy kitérővel nagy vonalakban fel kell vázolnom azt a
kontextust, amit ez az esszé *Az irodalmi tér* című kötetben kap.

Blanchot értelmezésében az irodalmi tér fogalma olyan nehézségekkel
szembesíti az olvasót, amelyek létezéséről addig valószínűleg sejtelme sem
volt. Hiszen ahhoz, hogy olvasókká váljunk – a szerző állítása szerint – nem
szükséges semmilyen különösebb tehetség vagy szakértelem (Blanchot 38).
Ugyanis az olvasás a világ leginkább magától értetődő dolga: egyszerűbb
már nem is lehetne, mindössze gyengeség és bizonytalanság kell hozzá a
vállalkozó kedvű közönség részéről – e kettő viszont minden
mennyiségben. Blanchot műve az irodalom tereként paradox, idegenszerű,

12

unheimlich (Freud 229-268) teret határoz meg. A kötet elejét az irodalmi teret alkotó létezők körülírásával, önkioltó definícióival indítja. A mű középpontjába az eredetként értett művet helyezi, s bár ez maga elérhetetlen, ugyanakkor nem létezik más kitűzhető cél, mely megérné a fáradságot (Blanchot 38). Az írót a mű követelése felől vizsgálja. „A mű azt követeli az írótól, hogy veszítse el egész »természetét«, teljes jellemét, s hogy miután az »Én«-re vonatkozó döntésben már megszűnt a viszonya a többi emberhez és önmagához, váljon azzá az üres hellyé, ahol a személytelen állítás jelentkezik" (39). Az önkioltó meghatározások logikáját követve a művészléthez elengedhetetlen tudást eredendő tudatlanságként definiálja (156). Az olvasó pozíciója hasonló kiüresedést, passzivitást, jelöletlenséget követel a mű felől. Az olvasáshoz tehetségre végképp nincs szükség (ibid.), hiszen (például Barthes posztstrukturalista recepcióesztétikájával szemben) az olvasás aktusát nem az újraírás alkotó folyamataként, hanem passzív, visszaható történésként írja le. „Az olvasással [...] tehát nem újraírjuk a könyvet, hanem elérjük, hogy a könyv megíródjék vagy meg *legyen* írva"(158). Ez az olvasás könnyed, ártatlan igenje. Ebben a térben a totális kudarc és szorongás könnyeddé, felhőtlenül boldoggá válik (162). Ez a gondolatsor készteti Blanchot arra, hogy Kafka poétikájával szemben [*Az átváltozás* esztétikáját kudarcosnak, félresiklottnak értékelve (62)] határozza meg a mű követelését. Hogy egy újabb visszavonással zárjuk a paradoxonok sorát, végül egy idézet magáról a művészetről: „a művészet a boldogtalanság tudata, nem pedig annak kompenzációja" (53). Hiszen – mint azt Blanchot az *Orpheusz pillantásá*ban kifejti – a kudarc, a jelentés nélküliség, a lényegtelenség, a tévedés kockázata lehet az egyetlen, ami a hitelesség kizárólagos forrásaként ajánlja magát (142). *Az irodalmi tér* teljes szövegére jellemzők az ehhez hasonló önkioltó/önkioldó definíciók, melyekkel a kötet – legyen bár szikáran elméleti – kimozdítja, kísértetiessé, önmaga számára is ismeretlen-ismerőssé teszi hazatérni igyekvő otthontalan olvasóját.

Blanchot *Az irodalmi tér*ben Hegel filozófiájára alapozva (Hegel 1980) a negációban látja a dialektika mozgatóját, a halálban tételezi azt a kreatív erőt, mely a történelem alakulásáért felelős. A történelem folyamata jelentésrögzülések, értéktulajdonítások sokaságát halmozza fel, ezzel az ismeretlent ismerőssé változtatja, hogy az újabb és újabb kivívott eredmények révén egyre szabadabbá tegye a fokozatosan önmaga urává váló embert. A történelem maga mögött hagyja a művészetet, a tudni nem érdemes dolgok tárházát, a kételyek, az eldönthetetlen kérdések birodalmát, amint az emberi szabadságért cserébe maga mögött hagyta a szent titkokat is. Blanchot figyelme azonban éppen ezt a területet vizsgálja: a felhalmozott részletekből egésszé összeálló masszívumból kizárt művészetet. Nem a Barthes-i értelemben vett (szűkre szabott pluralitású) klasszikus (Barthes 1997, 15) művet vizsgálja – mely tehát része a történelemnek –, nem a konzervált, megőrzött kulturális tárgyak lajstromozott mementóit. Az emberi teremtőerő történelem állította emlékművei helyett a negáció örökké eltűnésben lévő, ezért kimeríthetetlen kreativitását, a magány szüntelen mormoló fehér zaját, a pusztulás hatalmát és birodalmát kutatja. Blanchot ezen a ponton Heideggerhez fordul, aki a halált az „abszolút jelenvalólétlehetetlenség lehetőségeként" írja le (Heidegger 430). „A halállal a jelenvalólét a maga *legsajátabb* létképességében áll küszöbön önmaga számára.[16] Ebben a lehetőségben a jelenvalólét egyenesen saját világban-benne-létére megy ki a játék. Halála a többé-nem-jelenvaló-lenni-tudás lehetősége" (Blanchot 2005, 120). Ebből a gondolatból következik a jelenvalólét folyamatos hanyatlásban tartott állapota is (vö. éhezőművész), mely az egzisztencia mint faktikus halál kitartott állapotának függvénye (429-431). Ez a lehetetlenség lehetősége, az egzi(sz)tálás esztétikuma. Az egyetlen esély, amely minden más lehetőséget megelőz, amely nélkül nem létezhet történelem, de aminek (f)elismerése nélkül – mint Blanchot hangsúlyozza – nem létezhet hitelesség sem (142). Blanchot rendszerében a „mű követelése" tehát maga a halál. A vég felől lehetővé váló kezdet ilyeténképp az eltűnésben nyilvánul meg. A visszahúzódó, eltűnőben lévő létezésben feltűnnek a létezők. „Minden a látás mozgásában zajlik le, amikor a mozgásban a tekintetem már nem előre irányulva [...] visszafordul, hogy „mintegy a válla fölött" nézzen vissza a dolgokra, hogy elérje azok „bezáruló létét", melyet ekkor beteljesültnek látok, [...] a dolgok úgy jelennek meg, ahogyan a lét ártatlanságában vannak [...] eltávolodva attól, aki hagyta őket" (121). Orpheusz pillantása Eurüdikére, a műalkotásra ilyen értelemben válik a jelen iránti nosztalgiává, a mindig már bizonytalanságában érzékelt eredet nosztalgiájához való visszatéréssé (143). Eurüdiké az alvilágban válik azzá, ami: művé. „[A]mikor az éjszakában minden eltűnt, előtűnik a»minden eltűnt«. Az éjszaka (ez a jelenés, kísértet[17]), [...] a»minden eltűnt« megjelenése" (133). Az előtűnés eltűnése kísértetként jelenik meg, mert nem a vég bekövetkeztét jelenti, a halasztódó vég álcája mögött sokkal inkább az a felismerés történik, ismétlődik meg újra és újra, hogy a kezdet kijelölhetetlen, s hogy az erre irányuló valamennyi erőfeszítés eleve lehetetlen és kudarcra ítéltetett. A mű immanens voltának felemelő és egyben lesújtó felismerése feloldódik ebben a végtelenített

---

[16] Blanchot a *Lét és idő* fentiekben idézett szöveghelyéről a következőket jegyzi meg: „Egyébként az „eigen" szó kétértelműsége („*der eigene Tod*", azaz „a saját halál"), mely egyrészt jelenti a személyest, de az autentikust is, az a kétértelműség, mely körül Heidegger látszik mozogni akkor, amikor a halálról mint az abszolút saját lehetőségről beszél, amivel azt akarja mondani, hogy a halál a szélsőséges lehetőség, az, ami az Énhez a legszélsőségesebb felől érkezik, de ami egyúttal az Én legszemélyesebb eseménye is, az, ahol leginkább állítja önmagát, s teszi ezt a legautentikusabb módon" (Blanchot 2005, 120-121).

[17] A magyar szövegváltozatból itt az „apparition", „jelenés" kifejezés fordítása kimaradt. Auster „ghost"-jainak, szellemeinek vonatkozásában azonban alapvető fontosságú.

megkettőzöttségben (vö. *Doppelgänger*) a „meghalás örök kínjaiban", a kitartott, „az eltávolított halálban"[18] (47).

3.1 AZ ORFIKUS TÉR

> *Mottó*: „A halállal kezdeni. Visszaküzdeni magam az életbe, és aztán, végül, visszatérni a halálhoz." Paul Auster (Auster 1982, 63 – Saját fordítás)

Rainer Maria Rilke:

Sonette an Orpheus

9	IX	9
Ki a holtak ligetébe lenn dalolt egyszer legalább, az zengheti el csak a végtelen magasztalás dalát.	Nur wer die Leier schon hob auch unter Schatten, darf das unendliche Lob ahnend erstatten.	Csak ki az árnyak alatt már állt a lanttal, zengi örökre a dalt mély ámulattal
Kibe sürü mákon-ital csurgott, vak lombok alatt: fülében az isteni dal örökkön bennemarad.	Nur wer mit Toten vom Mohn aß, von dem ihren, wird nicht den leisesten Ton wieder verlieren.	Csak ki már mákonyukat holtaknak ette, bármilyen halk, szavukat, sosem feledte.
Megzavarodhat a víztükör, futhat a szín-csuda: tündököl és éles a kép.		Tünhet a tó tükörén, csak a tudatban éljen a kép!
Csak ott, hol a kezdet és a vég egybeesik, lesz a dal örök-fiatal!	Mag auch die Spieglung im Teich oft uns verschwimmen: *Wisse das Bild.*	Egy másik létnek ölén lesz dalod majdan örök és szép.
(Képes Géza fordítása)	Erst in dem Doppelbereich werden die Stimmen ewig und mild.	(Farkasfalvy Dénes fordítása)

---

[18] Auster álnéven írt ponyvája, a *Squeeze Play* egy baseball játékos dilemmájában tematizálja a következőkben idézett gondolatot. „[A]z önmagában való kételkedés, ami tehetségének kérlelhetetlenül bizonytalan lényegéhez kapcsolódik, és ami „kiszámíthatatlan", illetve az érzés, hogy ez a bizonytalanság – a tény, hogy az írás nem olyan képesség, mely felett rendelkezhetünk – a mű szélsőségességéhez tartozik, a központi, halálos követeléshez, ami „nem halál sajnos", hanem az eltávolított halál, „a meghalás örök kínjai" (ibid.).

HEGYI PÁL

Maurice Blanchot Rainer Maria Rilke kései versein, a *Duinói elégiák* és a *Szonettek Orpheuszhoz*[19] című ciklus értelmezésén keresztül határozza meg azt, amit orfikus térnek nevez (126). Az orfikus tér tárgyalására *A halál tere és a mű* alfejezeteként kerül sor, ebben a szerző a Rilke-szonettek kétértelműségeiben mutatja fel az orfikus tér kettősségét. Blanchot olvasatában Rilkénél Orpheusz alámerülése a halálba nem a költő önmagához vezető útjaként jelenik meg: semmiképpen sem jelenti a költő megistenülését, a halál legyőzését az elmúlás hozta átváltozás beteljesülésében. Orpheusz itt sokkal inkább a folyamatában beálló átváltozás, aki az eltűnéstől való szorongásban dallá, nyelvvé válik, aki azért ír, hogy ne szűnjön meg létezni, s így válik a meghalás tiszta mozgásává, az írás terévé és eredetévé. „Tűnhet a tó tükörén, / csak a tudatban / *éljen a kép!*" És éppen ebben rejlik az orfikus tér kettőssége. Orpheusz eredetként elindul az alvilágba, s ezzel megteremtődik a költő, „saját halálunk megelőlegezett tudásának hordozója" (114) számára a lehetőség a megszólalásra. „Ki a holtak ligetébe lenn / dalolt egyszer legalább, / az zengheti el csak a végtelen / magasztalás dalát." A művészet „önmagához vezető útja" azonban azon kívül, hogy örökösen visszautal a költemény, az írás eredetéhez egyben a halál személytelenségének folytonos megtapasztalásához vezet el: oda, ahol az Én megtapasztalja, hogy valaki más, hogy nem „én beszélek", hogy „én nem tudok beszélni". Hogy az Én harmadik személyű és halott.

Ebben a kettősségben a személyesből a személytelenbe vezető átalakulás egyrészt az eredethez mint végtelenhez, másrészt a halálhoz mint végtelenhez egyaránt kötött. Ezzel végtelenül változtatja át magát a halált is: szünet nélkül fennálló mozgássá teszi. „Csak ott, hol a kezdet és a vég / egybeesik, lesz a dal / örök-fiatal!" Az írás orfikus terének eredetében és végében Orpheusznak örökösen a nemlétben kell visszatérnie a léthez. Az orfikus tér a mondás és megértés hiányban megmutatkozó képességének lehetetlensége, eredet és cél mozgásban lévő végtelenje, az a hely, ahol az Én mindig a kívülhöz tartozik. „Tiszta ellentmondás"[20] (127).

---

[19] A fent idézett szonettet Blanchot művei nem tárgyalják.
[20] Vö. Rilke sírfeliratával: „Rózsa, ó tiszta ellentmondás, öröm / senki álma se lenni annyi szemhéj / alatt" (Hajnal Gábor fordítása).

16

3.2 ORPHEUSZ PILLANTÁSA

> *Mottó:* „[A]mint a történet véget ér, önmagát
> mondja tovább. Még akkor is, ha a szavak már
> elfogytak." Paul Auster (Auster 1982, 67 –
> Saját fordítás)

„Amikor Orpheusz alászáll Eurüdikéhez, a művészet az az erő, amely által megnyílik az éjszaka" (140). Orpheusz mítoszában a költészetnek élő férfiú beleszeret Eurüdikébe, aki Orpheusz számára a szerelem lírájának egyetlen ihlető forrása, eredete, tárgya és megtestesülése. Eurüdiké nem kap különálló mítoszt a görög mitológiában, létezése haláláig az őt megéneklő Orpheusz teremtette létezés; ő a mű, a világosságot körülölelő „első éjszaka" (ibid.), a bensőségesség és intimitás harmonikus tere. Amikor azonban a költő leszáll az alvilágba, hogy visszahozza elhalt kedvesét, már nem az ihlető forrást jelentő nőalakhoz közeledik, hanem magához az ihlet, az eredetiség és a művészet forrásához, a név és a fátyol mögött rejtező zárt, sötét központi tér magjához, a *„másik* éjszaka" pillanata felé. Ez a másik éjszaka *„jelenés"* (133), a jelen nem lét (meg)jelenése, az eltűnés feltűnésének kísértete. Amikor a vég kezdetét veszi, amikor minden kezdet igazsága megsokszorozódik és burjánzásba kezd, valójában nem maga a vég kezdődik el, és nem is valódi kezdet ez, sokkal inkább a kezdet kezdetének lehetetlensége az, ami újra- és újraindul végtelenített végként álcázva magát. A másik éjszaka elrejti azt, ami felfedhetné, s kizárólag csakis az áthaladás pillanatában mutatja meg önmagát. Innen származik örök ártatlansága, az újszerűség, érintetlenség, a jelöletlenség kimeríthetetlen ereje. „Orpheusz bármit megtehet, de nem nézhet szembe e »ponttal«, nem nézheti az éjszakában az éjszaka középpontját" (140). És újra idekívánkozik a mű követelésével kapcsolatban már beidézett gondolat, miszerint: „A mű középpontja az eredetként értett mű; az a pont, melyet soha nem érhetünk el, de az egyedüli, melynek elérése megéri a fáradságot" (38). Ez a másik éjszaka az ontológiai értelemben vett kívül levés éjszakája. A *másik* éjszaka a „minden eltűnt" (133) megjelenése: a meg nem lelt halál, az elfeledett feledés, a hiányzó űr tere.

A sötétség e középpontjával azonban lehetetlen szembenézni. Miután hatalmával meglágyítja Hádész és Perszephoné szívét, Orfeusz szigorú parancsot kap: míg ki nem vezeti az éjszakából Eurüdikét, nem pillanthat vissza rá. A parancsban rejlő egyetlen kérdés két különböző módon is feltehető. Egyrészt, hogy vajon mi tarthatja vissza Orpheuszt a felszólítás megszegésétől, de még sokkal inkább az, hogy mi késztetné – mégpedig sürgető erővel – arra, hogy mégse tartsa be ezt az egyetlen kitételt. Az első kérdésre – hogy mi tarthatná vissza –, nyilvánvalónak látszik a válasz, hiszen árulást követne el szerelmével szemben. (A mítosz egyik változata szerint Eurüdiké – abban a hitben, hogy Orpheusz önszántából mutat neki hátat – maga könyörög, hogy nézzen vissza rá egy pillanatra, s Orpheusz képtelen ellenállni a kérlelésnek). A költő lerombolná a művet – mely abban a pillanatban örökre elveszne –, hogy visszatérjen a sötétségbe (erre rímel az elveszett remekmű toposza a művészettörténetben). Orpheusz így megfosztaná magát Eurüdikétől mint szerelemtől, mint műtől és első éjszakától. Orpheusz azonban szükségszerűen megfeledkezik mindháromról – és ebben rejlik a második kérdésre adott válasz –, hiszen a mű végső követelése nem a mű létrehozása, hanem az eredet középpontjának megragadása, amely „az egyedüli, mely megéri a fáradságot" (38). A mű mértéktelen követelése szembefordulni, és belepillantani abba a pontba, ahol „e lényeg megjelenik, ahol lényegi és lényegileg látszat" (140) az éjszaka ~~szívében~~.

Orpheusz számára elkerülhetetlen, hogy megszegje a parancsot, hiszen éppen azért indult útnak, hogy Eurüdikét megpillanthassa a *másik* éjszakában, mivel már kedvesként is műbe zárta, nyitott intimitásában is lezárta, közelségében is eltávolította magától. Eurüdiké mindig is mű volt, a dal isteni szépségének ürügye, s mítoszbéli szerepe tulajdonképpen attól a pillanattól kezdődik, hogy egy kígyó véletlenül megmarja: így azonnali halál fenyegeti. A költő a mű mértéktelen, túlhajszolt, felgerjesztett követelésével a remekművet keresi mohó tekintetével. Orpheusz Eurüdikét mindig már láthatatlanságként, idegenségként, a halál teljességeként kívánja megpillantani. A pillantás áthaladó mozgásában Orpheusz maga is távolsággá, halállá, csenddé: kísértetté válik. Nem meghal, hanem a végtelen távollétben felfüggesztődik, létezése: „se élő, se holt". S mindezért valójában Eurüdiké, a mű a felelős, mert ő az út, ami Orfeuszt idáig vezette.

> [A] mű egyre inkább arra törekszik, hogy kinyilvánítsa a mű tapasztalatát, mely nem egészen megalkotásának tapasztalata, nem is technikai kivitelezésének tapasztalata, hanem az, amelyik a művet a kezdet fényétől visszavezeti az eredet sötétségébe, s a ragyogó megjelenést („apparition"), amelyben a mű megnyílik, aláveti a rejtőzködés nyugtalanságának, amelyben magába zárul. (169)

3.3 A LACANI TEKINTET

Hogy pontosan mi történik, illetve mi nem történik meg a pillantás pillanatában, annak vázolásához *A pszichoanalízis négy alapkoncepciója* (Lacan 1986) című Lacan-mű anamorfózissal foglalkozó részének fogalmi keretét és diagramjait kívánom felhasználni, majd Blanchot Orpheusz-értelmezését felhasználva kiterjeszteni Lacan Orpheusz mítoszát is bevonó koncepciójával (Lacan 1986, 25).

Jacques Lacan a „Tekintet" (70) fogalmát (mely rímel Blanchot azonos koncepciójára) az anamorfózis tárgyalásának kapcsán értelmezi. Ezt a képzőművészetben ismert technikát az udvari szerelem összefüggésében tárgyalja. Az anamorfózisra leggyakrabban felhozott példa Holbein 1533-ban festett, *Követek* című képe, ahol az utalásokkal, szimbólumokkal terhelt kép alján egy első pillantásra felismerhetetlen folt látható, amiről a figyelmes szemlélő hamar kiderítheti, hogy valójában egy perspektivikusan torzított, megnyújtott koponya képe, amely megfelelő szögből nézve a rövidülés révén nyeri el pontos arányait. A XVI-XVII. században népszerű trükköt úgy lehetett működésbe hozni, hogy egy lépcsőfeljáró mellett helyezték el a falon, így a fokokon felkaptató néző előtt fokozatosan tárult fel az eredetileg értelmezhetetlen látvány a folyamatos térbeli rövidülés során. Lacan számára az anamorfózis példája arra szolgál bizonyságul, hogy a tekintet nem más, mint a látás terén értelmezhető „*object (petit) a*".

> Az *object a* olyasvalami, ami a szubjektumban, annak megkonstituálódása érdekében szervként elkülönítette magát. A hiány – vagyis a fallosz – szimbólumaként szolgál, nem mint olyan, hanem a hiány értelmében. Ezért olyan tárgynak kell lennie, amely először is leválasztható, másodszor pedig a hiánnyal tart kapcsolatot. (103 – Saját fordítás)

A központi, centrális nézőpont ugyanis vakfoltban hagyja a látványt („memento mori"), némi digresszió árán laterális, decentrált szemszögéből a befogadó viszont azt látja, hogy nem ő nézi a képet, hanem a koponya nézi őt. A kép a saját vágyát közvetíti.

Lacan három képben ábrázolja a tekintet és a tekintett viszonyrendszerét.

Első kép:

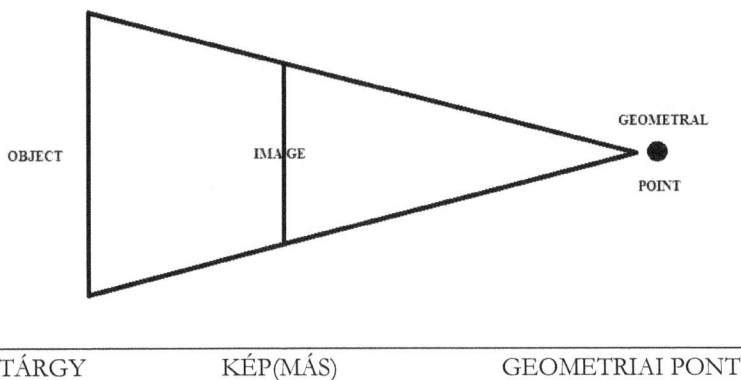

OBJECT   IMAGE   GEOMETRAL POINT

TÁRGY   KÉP(MÁS)   GEOMETRIAI PONT

Az első kép a befogadás aktusának hagyományos, geometrikus ábrázolását adja. A geometriai pont azt a helyet jelöli, ahonnan a szubjektum (Blanchot-ra olvasva a művész) megfigyeli (mint Szem) az ábrázolás tárgyát, melyet a kép keretébe feszítve, annak közvetítésében lát. A keret határolta terület elképzelhető keretként, áttetsző üveglapként, de a vászon felületeként is; mindenesetre a tárgy képzetét jelöli, amely kikerülhetetlenül közvetíti a szubjektumnak a valósággal formált viszonyát. A Szem és a Tekintet ebben a modellben egybeesik, a művész hatalmának biztos tudatában tekint végig az elébe táruló látványon. Mivel azonban a tekintet mindig már a képen (keret, felület, határ) keresztülhaladva jut el a tárgyig, a Valóshoz a Kép(zetes)en át vezető út a befogadás folyamatába bevonja a megfigyelő viszonyát a megfigyelthez.

Második kép:

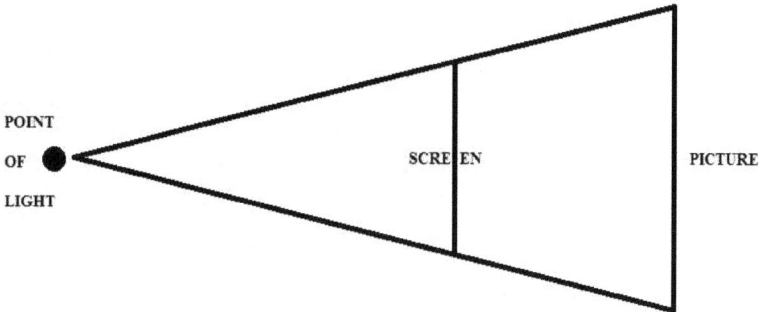

POINT OF LIGHT   SCREEN   PICTURE

FÉNYPONT	KÉP(ERNYŐ)	KÉP

A második kép az alanyt nem befogadóként ábrázolja, aki a megfigyelő pozíciójából szemléli az ábrázolandó objektumot, hanem épp ellenkezőleg: tárgyként. Visszatérve az anamorfózis példájához, a képről visszaverődő fény visszanéz a szubjektumra, aki ily módon maga is képpé válik. Éppen ezért ezen az ábrán a kép helyett képernyő (screen) szerepel. Bár látszólag a második diagram pusztán felcserélte megfigyelő és megfigyelt polaritását, a közvetített felület radikálisan megváltozott szerepe mutat rá az inverzió közben történt lényeges változásra. A képernyő nem a szubjektum felől létrehozott képzetes tartománya, hanem az a felület, amelyre a fényforrás (a visszaverődő fény) felfesti a képet, ami az interszubjektivitás ezen mozzanatában a kép/szubjektum maga. A képernyő felülete nem áttetsző, az első modell megnyugtató befogadói pozícióját aláássa azzal, hogy elrejti, álcázza az egyjelentésűség harmóniáját. A „screen" ezen tulajdonságának kibontásához Lacan Roger Calliois-nak az álcázás különböző formáit tárgyaló könyvét idézi (*Méduse et Cie*, 1960). Ebben az idézett szerző a mimikri (a környezethez hasonulás, beolvadás) három dimenzióját különbözteti meg: a travesztiát, a megfélemlítést és a kamuflázst. Lacan a mimikri ezen utóbbi funkcióit extrapolálja a képernyőre, mely lehetővé teszi a beszélő szubjektum számára, hogy szándéka szerint álcázza magát a rávetített képen.

Lacan értelmezésében a két modell előfeltétele egymásnak (éppen ezért fognak egymásba csúszni a harmadik képben, lévén a szubjektum egyszerre foglalja el megfigyelő és megfigyelt pozícióját – a tisztán *voyeur*t saját tekintete figyeli, amint figyel). Nem lehetséges egyik modell a másik nélkül, ugyanakkor nem is feleltethetők meg izomorfikus módon egymásnak. Habár a két háromszög inverze egymásnak, a fényforrás nem azonos a geometriai ponttal. A fényforrás ugyan tekinthető Szemnek, a kamera objektívjének, a második háromszög „kép" fogalma ugyanakkor a szubjektummal azonosítandó, ami azt jelzi, hogy a megfigyelőt megfigyeltként vizsgálja a kiindulási modell fordítottja.

A szubjektum lacani vizsgálata a megfigyelőt nem csak nézőként, de megnézett, megtekintett tárgyként is tételezi. A két ellentétes mozgás kialakította örvény vakfoltjában az „*object petit a*" áll mint optikai/szkopikus hajtóerő. Két ellentétes folyamat kerül itt viszonyba egymással. Egyrészt a Másik (kulturális pozícióból elképzelt) tekintete a Szimbolikus felől határozza meg a látóteret, és magát az objektummá vált szubjektumot, ugyanakkor a Tekintet maga is a vágy tárgyává válik. Az Én és a tudattalan szubjektuma közti szakadás (és öltés – „*suture*") vizuálisan válik érzékelhetővé. [Jacques-Alain Miller terminusa (öltés) azt a folyamatot jelöli, amelynek révén a műalkotás lehetséges világába beöl(t)ődik a befogadó. A beöltődés nem jelent feltétlen azonosulást egy kitüntetett karakterrel (bár ezt nem is zárja ki), sokkal inkább köthető a beleértett befogadói pozícióhoz. Ez a filmszemiotikában is népszerűvé vált fogalom a nézőt a film apparátusához, a kamera tekintetéhez ölti, ugyanakkor hangsúlyozza a néző vonatkozásában e mozgás leplezett, elrejtett, vakfoltban tartott pozícióját (J. A. Miller 24).] A Tekintet/fényforrás és a szubjektum/kép között az első ábrán image/kép(zet), míg a másodikon screen/kép(ernyő) szerepel. Mivel közvetítő felület nem transzparens, a tekintet kénytelen elfogadni a képernyő tükröző felületét mint látványt behatároló keretet, amely ilyen értelemben a tükörfázis képzetességével lesz rokon. És éppen ebben rejlik a két különböző modell felvetette kérdés. Reprezentáció vagy kép? Befogadó és tárgy vagy szubjektum, képzést és Tekintet? A kép(ernyő), a (vetítő)vászon mimetikus, mimikrit biztosító felülete elfedi, elrejti a szubjektum tekintete mögött lévő személyes Szemet, amely saját pozíciójában láthatatlanná, éppen ezért a megfigyelt tárgyban annál inkább láthatóvá válik. Az érzékelés megértése Lacannál éppen ezért vezet el a harmadik ábrához, ami nem más, mint az első és a második ábra egymást fedő applikációja, a két modell összege, vagyis az első modellnek önmaga inverzével való átfedése, anamorfózisa. A harmadik modell láthatóvá teszi, hogy az Én csak önmagán kívül képes megélni a befogadás aktusát. A látvány fogad be engem. A látvány, ami én vagyok, rám néz. „Je est un autre."[21]

Harmadik kép:

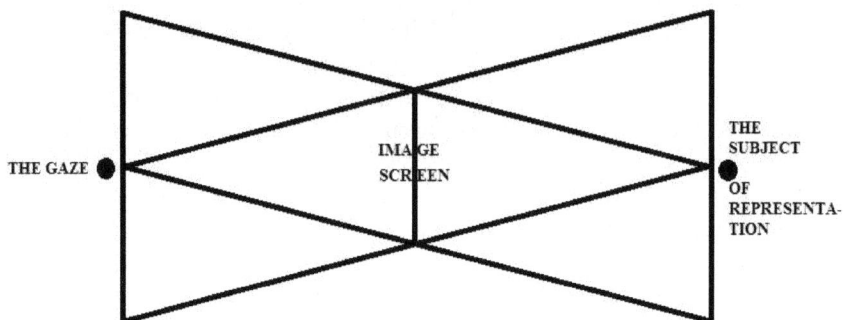

TEKINTET   KÉP(MÁS/-ERNYŐ)   A REPREZENTÁCIÓ SZUBJEKTUMA

A harmadik ábrában a befogadás mindhárom mozzanata interakcióba lép egymással. Mivel a tekintet mindig a látótéren belül jelenik meg, és a megfigyelő maga is észlelt, ábrázolt/fotografált felület, a megfigyelő/megfigyelt bináris oppozíciója csak elfedi a beszélő szubjektumot pozícionáló befogadási aktus valós természetét. A tekintet egyidejűleg két területen oszcillál: ugyanúgy jelen van a fény (kamera, Szem, a Valós) oldalán, ahogy tükröződik és jelen van a Másik szimbolikus rendjében is. Lacan az *Anamorfózis*ban a következő kijelentést teszi: „A fenomenológusoknak sikerült igen pontosan, és igen nyugtalanító módon megállapítaniuk, hogy magamon kívül látok, hogy az érzékelés nem bennem van, hanem azokon a tárgyakon, amelyeket meg kíván ragadni" (Lacan 1986, 80 – Saját fordítás). A szubjektum egyszerre megfigyelő és megfigyelt, és habár a saját tekintet/pillantás közvetlenül soha nem irányulhat önmagunkra, metaforikusan megfeleltethető a Másik tekintetének. (Az exhibicionizmusban és pandanjában, a *voyeur*izmusban éppen azt érzékeljük riasztóan szubverzívnek, hogy azzal fenyeget, felfedi az objektumokban és szubjektumokban inherensen mindig már jelenlévő ilyen értelmű

---

[21] „Az Én valaki más." „Valaki más vagyok." „A Másik vagyok." „Én ő van." (Saját fordításom) Auster idézi Rimbaud 1871. május 13-án írott levelét Georges Izambard-hoz (Auster 1982, 125).

kettősséget). Ugyanilyen félelmetesnek tűnhet a kontingens szubjektum függősége a képen a mimikri torzításaiban felfestődő önnön szerepétől, illetve attól, hogy milyen mértékben képes vagy képtelen a képen belül, valamint a Másik tekintetének funkciójában fenntartani saját kettéosztottságát. A harmadik modellből az is kiolvasható, miért nem nézhet Orpheusz közvetlenül szembe Eurüdikével. A kép/képzet (image)/képernyő (screen) mind az objektumot figyelő szubjektum, mind a szubjektumot figyelő objektum útjában áll. A szubjektum és a képernyő felületének viszonya pedig a képzetesben játszódik le. A szubjektum csak annyiban képes a (meg)kép(ződő)-felületen egyesülni a Másikkal, amennyiben a tekintet Másikként, másikakként visszatekint rá. Csak ennek a felületnek a közvetítésével lehetséges a befogadás, amelyet mimikri, maszk, megkettőzöttség (vö. *Doppelgänger*ek, kísértetek, alakmások) közvetítenek. Az önmegismerés közvetett és közvetített. A félreismerés elkerülhetetlennek *látszik*.

Blanchot és Lacan kérdései jelölik ki azt a teret, ami Auster szövegeiben az írás tereként mutatja meg önmagát, amihez valamennyi szövege visszautalja és odavonzza olvasóját; a teret, amely valamennyi írásának központi fehérlyukaként örvénylik, s mely a recepció stabilitásra törekvő fogalmi kereteit mindannyiszor szétrobbantja. Tehát meg kell vizsgálni, mi történik, ha két rendszert (Lacan háromszögeit és Blanchot pillantását) egymásra vetítjük.

Amennyiben az invertált háromszögek lacani modelljét (harmadik kép) Blanchot rendszerével kombinálva Orpheusz tekintetére alkalmazzuk, a feliratok a következőképpen változnak. A háromszögek metszéspontjait átszelő tengely jobb oldalán a fény – Eurüdikét nélkülöző – világa foglal helyet, míg a baloldalon a sötétség alvilági birodalma Eurüdiké, a Másik lényegét rejti magában. „Eurüdiké azt a szélsőséget jelenti, amelyhez a művészet elérhet; a név alatt, mely elrejti, s a fátyol alatt, mely eltakarja, ő az a mélységes pont, amely felé a művészet, a vágy, a halál, az éjszaka igyekszik. Ő az a *pillanat*, amikor az éjszaka lényege a *másik* éjszakaként közeledik" (Blanchot 2005, 140 – Kiemelés tőlem). Ez a pillanat azonban megragadhatatlan, a vágy titokzatos tárgya újra és újra áthelyeződik. A tiltó parancsban rejlő kérdések egyszersmind az önmagukra adandó választ is tartalmazzák. Hiszen Orpheusz már eleve soha nem pillanthatja meg Eurüdikét: sem a lényegét elfedő nappali látszatában [„Eurüdikét nem nappali igazságában, hétköznapi szépségében akarja látni" (141)], sem az éj vakságában, elérhetetlenségében, láthatatlanságában [(„nem akkor akarja látni, amikor látható, hanem amikor láthatatlan, [...] mint minden bensőségességet kizáró idegenséget, nem életet akar lehelni belé, hanem halálának teljességét akarja élve látni benne" (ibid.).] Az invertált háromszögek baloldali csúcspontjában (a tárgy, a fénypont és a Tekintet oldalán) az analógia szerint az elrejtett Eurüdiké áll, míg a jobboldali csúcspontban (a geometriai pont, a kép és a reprezentáció szubjektumának oldalán) az elveszett Eurüdiké képe (az elveszett szerelmet ábrázoló elégikus dal) található. A szubjektum vágya a végtelen „mélységélesség" lenne, az önmagán kívül helyezett tekintet terében létrejövő önérzékelés. Azonban a két inverz háromszög metszetében lévő terület holttér: mind a sötétség oldalán elhelyezkedő Szem észlelése, mind a fény oldalán található szellem észlelése számára.

Negyedik kép:

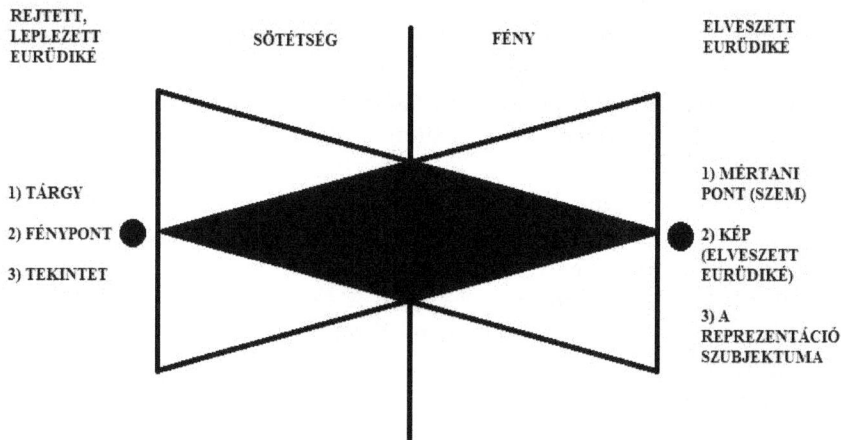

Lacannál a képzetes „*petit a*" a szubjektum vágyának csábítása. Lacan az „*object petit a*" megtestesülésével azonosítja a tekintet fogalmát. A szubjektum számára a tekintet a beteljesülés/kiteljesedés vágyának kielégítésére tett kísérlet, azonban e tekintetnek közvetítő felületen kell keresztülhatolnia, mely felület archetípusa a tükör, az a virtuális kép, amely a valós kép eredendő hiányát hivatott elfedni. A tekintet tehát az Én kiegészülésének vágya a Másikon (*Autre*) keresztül. A Szem (Lacan 1986, 134) és a Tekintet fogalmi különbségtétele az optikai/szkopikus szinten manifesztálódó hajtóerő/ösztöntörekvés hasadásának különbségtétele, ugyanakkor Lacan fontosnak tartja hangsúlyozni, hogy ugyanahhoz a személyhez tartozik mindkettő.

Ha a Tekintet területére behatoló Szem pozícióját az első ábra (karteziánus) dimenziójában definiáljuk, a Szem a bal oldalon maga is a megfigyelés tárgyává (*Object*) válik, a jobb oldalon pedig geometriai ponttá, a karteziánus egóvá zárul, amely számára az elme mint vetítőgép mutatja meg a világban az Én történéseit. A Valós traumája éppen az, hogy a vele való találkozás lehetetlen.[22] A Szem (saját szem*pontom*) hiányzik a Tekintet megkonstruálta képből. Az Én puszta tárggyá redukálódik, idegenné válik önmaga számára. Önnön szempontomból a felém forduló tekintet megragadhatatlan, amennyiben az túlhaladja saját perspektívámat, így az éjszakán belül lévő éjszakából (Eurüdiké *mise-en-abyme*[23]-ja) ugyanígy láthatatlan.

A Másik világa (itt: az alvilág) olyan szövegkörnyezet teremt a beszélő szubjektum számára, amelyben az Én képtelen fenntartani önmagát különálló szubjektumként, ami pedig lehetővé tenné számára, hogy megragadja a pillanatot (Eurüdikét, a vágy titokzatos tárgyát), vagyis magát a kontextust. A másik oldalon a fény világában leplezetlen Eurüdikét megéneklő művész azonban (akit itt is ugyanaz a vágy hajt) szintén nem törhet az egység, a szubjektum kiegészülésének/beteljesedésének létrehozására, mivel a nyelv maszkjában operáló *techné*[24] eleve a kiválasztás, sokszorozás, kihagyás eszközeivel operál.

A metszet sötét területében létrejövő hiány a baloldalon a Szem hatalmát aláássa, és áttolja a jobboldali pozícióba. A sötétség és fény határának mindkét oldalán maga a vágy készteti az ellenirányú mozgásokat kitérésre, egymás elkerülésére, ugyanakkor ezek a mozgások definiálják magát a vágyat is: a Másik felől az Én-re irányuló vágy vágyását. Ez az elveszett Én útja az elveszett Másik irányába, amely aztán egy már maszk mögé bújt Én-hez tér vissza, akit a Másik(ság) megragadásának lehetetlenségétől frusztráltan immár örökké hajt az „elszalasztott találkozás" utáni vágy (55). A bal oldalon a Szem (Orpheusz mint szubjektum) elcsábul és megsemmisül, a jobb oldalon létrejön (a *techné*n keresztül) a csábítás maszkja, álcája.

A mimikriben az identitás és a jelentés reprezentációja metonimikus jelentésképződés révén re-konstruálja magát. Lacan a mimikrit a kamuflázs dimenziójához köti, amely nem a különbözőség elrejtésének belesimítása a háttérbe, ellenkezőleg, a hasonlóság formája, amely azáltal védi a jelenlétet, hogy elkülönböződik attól. Oly módon rejti el a jelenlétet, hogy annak részleteit metonimikusan kiterjesztve, megsokszorozva imitálja a háttér mintázataiból kiadódó textúrát. (Orpheuszt azért viszik magukkal az argonauták, mert Kheiron kentaur megjósolja nekik, hogy csak úgy hajózhatnak el a szirének mellett, ha a költő dalaival elterli a figyelmüket a szirének csábító énekéről. Orpheusz azzal menti meg a fenyegetés elől az

---

[22] A fogalom előképe a freudi trauma valósa, melyet Freud nyelvileg reprezentálhatatlanként definiál, amely nem juthat kifejeződésre, a tudattalan magjaként ágyazódik be. Lacannál ugyanez a pozíció a hiány, a veszteség helye: a soha létre nem jövő találkozás a Valóssal („ever missed encounter with the Real"), amelyet a hajtóerő forrásaként határoz meg mint a Valóssal való találkozás lehetetlenségének örök csábítása („the appointment with a real that eludes us)." Vö. Lacan „Tuché" fogalmának (*Seminar XI*) értelmezésével (Glynos, Jason 129).
[23] Lásd 6.3-as fejezet.
[24] A magyar „mű" szótő, akár a latin „ars" etimológiailag a mesterség jelentésmezejéhez kötődik.

argonautákat, hogy létrehozza a csábítás új szintjét, a halálos ének csábításának metonimikus kamuflázsát, mely végül megvédi mindannyiukat). Orpheusz a művészi mimézis révén (saját alakmásának létrehozásával) kendőzi el tekintetét, ezzel az elkülönbözéssel (kamuflázs) olvasztja be a Szemet a Tekintetbe, hogy hatalmat nyerjen a fölött, ami az Én-t a fényben (nyelv) meghatározza. A mimézis egy újabb szinten hozza létre a vágy tárgya által jelölt hiányt, és ezzel kialakítja a csábítás (megtévesztés) második szintjét: a *másik* éj (éjszaka az éjszakában) csábításának imitációját. Ez a csábítás azonban már a néző (befogadó) felé irányul.

Ötödik kép:

A VÁGY IRÁNYA:
EURÜDIKÉN ÁT
VISSZA ORPHEUSZHOZ

A SZEM URALMA ELVESZETT

A SZEM URALMA

EURÜDIKÉ HIÁNYA

A MŰVÉSZ HIÁNYA

ORPHEUS ELCSÁBÍTÁSA/ BEVONÁSA

A BEFOGADÓ ELCSÁBÍTÁSA/ BEVONÁSA

ÉJ AZ ÉJBEN:
A SZEM ELLEPLEZVE A TEKINTETEN BELÜL

ÉJ AZ ÉJBEN:
A SZEM ELLEPLEZVE A TEKINTETEN BELÜL

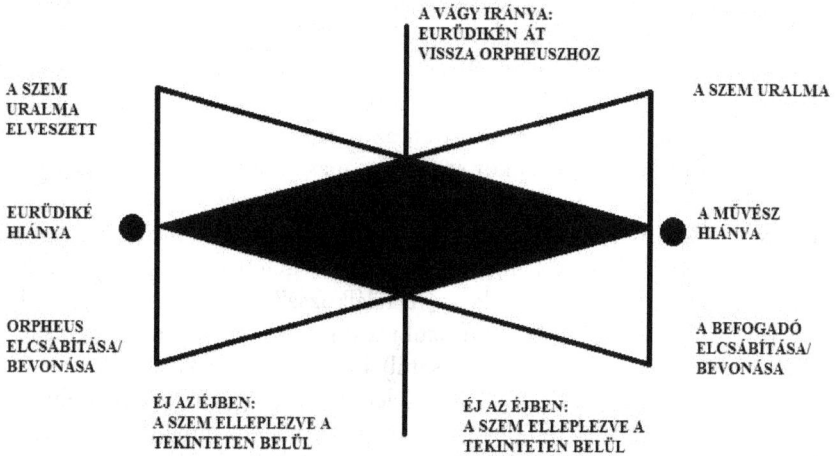

A negyedik kép feliratait ebben a képben a központi fekete térhez kötődő címkék váltják fel. A Szem és a Tekintet viszonya a kép megszemlélésében/megtekintésében leírható úgy, hogy te onnan nézel rám, ahonnan én téged látlak. Azzal, hogy a művész Szeme (az író keze) foltként, hiányként (anamorfózis) helyezi bele magát a képbe (műbe), képessé válik arra, hogy uralja a befogadó Tekintetét. Nem pusztán a saját magára vetülő képből hiányzik, hanem abból a képből is, amit csábításként (csapdaként) létrehozott a Másik Szem számára.

Orpheusz tévedése eszerint abban a vágyban gyökerezik, mellyel látni és megszerezni akarja Eurüdikét, holott sorsa kizárólag arra rendelte, hogy megénekelje. Orpheusz csak a dalban Orpheusz [...], Eurüdiké pedig semmi mást nem jelent, mint e varázslatos függőséget, melynek következtében Orpheusz a dalon kívül árnyékká válik, s csak az orfikus mérték terében lehet szabad, csak ott élhet és uralkodhat. (Blanchot 2005, 141)

Az Én-nek (a beszélő szubjektum), hogy uralkodhasson, hogy képes legyen a megszólalásra, a beszéd (az ének) leple mögé kell rejteznie, el kell tűnnie az énekből, el kell tűnnie az énekben. A mimézis, az Én önmagától való elkülönülése, és önmagából való kiürülése csak akkor vonzza, csábítja a befogadói tekintetet, ha a hasadást (*fissure*) elfedi a mimézis tárgyiasult terméke: a maszk. Burke elméleti konstrukciójában a *fissure* értelmezése ugyancsak a teorémában inherensen jelenlévő ellentétes irányú mozgást hangsúlyozza. Mint írja, a *fissure*:

> [...] szakadék, szeparáció, elkülönbözés a megérintett és a megérintő, a látó és a látott, a szellem és a világ, az Én és a másikak között. Ez az eltávolodás, amelyet a nyelv áthidalni igyekszik, és amit a reflexió, a dialektika és az intuíció filozófiai módszerei igyekeztek a saját, a jelentésességről alkotott elméleteikkel a történelem során lezárni, miközben figyelmen kívül hagyták, hogy ennek formálhatatlansága egyszerre táplálja, és aláássa azokat a gondolati és tapasztalati mintázatokat, amelyeknek éppen a megerősítésére törekszik. (Burke, 83 – Saját fordítás)

Orpheusz csak a fény (a nyelv) világában énekelheti el dalait. A szöveg, az írás, az irodalom tere a megismételt, kétszeresen létrehozott csábítás tere, amelyben a mimézis révén az első függőség (Orpheusz függősége Eurüdikétől) áthelyeződik egy másik, fordított függőség szintjére, ahol ezt az előzőt fölülírja a befogadó függősége a szerzőtől. A művész „arra hívja meg azt, aki megszemléli a képet, hogy tegye le Tekintetét, tegye le a fegyvert" (Lacan 1986, 101).

IV. ORPHEUSZTÓL DIONÜSZOSZIG I.

„Elkerülhetetlen, hogy Orpheusz megszegje a törvényt, mely tiltja, hogy hátraforduljon, mert már akkor áthágta, amikor megtette első lépéseit az árnyék felé. [...] Orpheusz valójában egyetlen pillanatra sem fordult el Eurüdikétől" (Blanchot 2005, 141), mert e pillanat/pillantás „végtelen távollétének jelenléte volt" (ibid.). Orpheusz hübrisze az, hogy birtokolni, megszerezni akarta Eurüdikét a tekintetben/pillantásban, Ez az áthágás azonban egyben Orpheusz sorsának beteljesedése is, hiszen a dalban Eurüdiké már mindig elveszett, így vész el Orpheusz is, aki a dal határain kívül vágyik birtokolni Eurüdikét, de így nyeri meg a befogadó vágyát, és el az ihletet és hitelességet: azt a pontot, mellyel pedig soha nem nézhet szembe. „Csak ott, hol a kezdet és a vég / egybeesik, lesz a dal / örök-fiatal!" Orpheusz türelmetlensége így válik a legnagyobb türelemmé, a halálban való végtelen tartózkodássá.

A hitelesség forrás; az ihlet maga az éj. Innen a parancs, amely önnön eredetiségét védi (az éjet mint az ihlet forrását) a Tekintet pornográf transzgressziójával szemben. A tiltott penetrációval Orpheusz elszakít minden biztosítókötelet, kiteszi (exponálja) magát a Tekintetben, hiszen tragédiájának beteljesülése éppen az, hogy örökké maga mögött hagyja, elfelejti a művet mint eredetet, s örök vágyán keresztül önnön eredetét a mű eredetéhez, az éjszakához mint a halálnál is holtabb (végtelen) halálhoz köti. Orpheusz tekintetében elvész a mű, mely csakis áldozatként képes egyesülni eredetével, és ezzel meghaladni önmagát. „Orpheusz pillantása így a szabadság szélsőséges pillanata" (142). Orpheusszal kapcsolatban, aki a tipológiai szimbolizmus számára Krisztus prefigurációja, a keresztény hermeneutikai interpretáció is felmerülhet értelmezési irányként. „Orpheusz felszabadítja a *műben* rejlő szentséget, átadja a szentséget önmagának, önnön lényege szabadságának, lényegének, mely e szabadság (az ihlet ezért *par excellence* adomány)" (144). A kiüresedésnek ez az adománya szabadítja fel azt az energiát, amely semmiképpen sem azonosítható a lebegő jelölők szabad játékának dekonstrukciós energiaforrásával. Orpheusz megszabadul önmagától, és megszabadítja a művet is a törvénytől, és korláttól, hogy átadja önmagának, önmaga eredetének. Orpheusz „[e]lveszíti Eurüdikét, [...] és elveszíti önmagát, de e vágy és az elveszített Eurüdiké és a *szétszaggatott* Orpheusz szükségesek a dalhoz" (141 – Kiemelés tőlem).

Ovidius *Átváltozások* (Ovidius 1975) című munkájának tizenegyedik könyve számol be Orpheusz haláláról. Orpheuszt Dionüszosz parancsára tépik szét az őrjöngő menádok (a latin szövegben Bacchus utasítását megszegve a bacchánsnők még fejét is letépik, de az még így is tovább énekel), s az ok féktelen dühükre nem más, mint hogy tagadják Orpheusz isteni voltát. A *szétszaggatott* Orpheusz tehát a mítoszban is egyre énekel a szétszóródás végtelen halálában, ami azonban külön figyelemre méltó, hogy éppen Dionüszosznak áll útjában, hogy éppen ő ad utasítást a meggyilkolására. A Dionüszosz kultuszhoz köthető drámai műnem kialakulása az egyes szám első személyű lírai alany transzformációja a harmadik személyű Tekintet irányába, mely az Én-t, a Szemet a művön kívülre helyezi (Orpheusz nem birtokolhatja Eurüdikét: az első kép, Blanchot első háromszögének dekonstrukciója). Orpheusz visszatérve az alvilágból újabb lehetőséget teremt (az ötödik képet, Orpheusz pillantásának képét hozza magával). Azzal, hogy megszegte a törvényt, biztosította saját autenticitását: isteni voltát (eredetiségét) halálában is megerősíti (az ének tovább zeng a törzstől leválasztott fej ajkain). Ugyanakkor megteremti az ének transzformációjának esélyét az Én-ek történeteivé, és ezzel hitelesíti Dionüszoszt (akinek ugyancsak legitimizálni kellett a mítoszban saját isteni voltát: szülővárosának, Thébának népét ezért őrjítette meg a bor mámorával). Az első lépés a dráma felé feltételezhetően a Dionüszoszt megszemélyesítő karvezető kilépése volt a kórusból. A folyamat innen már megállíthatatlan: később már nemcsak Dionüszosz életének részleteit mondta el a karvezető a kórustól kísérve, hanem a trójai, a mükénéi és thébai mondakör hősei is szerepet kaptak. Ez a „kilépés" döntő mozzanat a műnemek megkettőződésében (líra, dráma), amely a műnemek hármasságában (líra, dráma, epika) stabilizálódik. Orpheusz számára a maszk mimikrije teszi lehetővé a befogadó elcsábítását. A történet elmesél valamit, hogy megmutasson valami mást. Dionüszosz mítoszában ez a megkettőzöttség az eredet folyamatos regressziójában jelen(í)ti meg önmagát. A történet mindig korábban kezdődik. Különösen, ha – mint azt *A magány feltalálása* tárgyalásakor látni fogjuk – az Én történetei szólalnak meg. „Az előtűnés eltűnése kísértetként jelenik meg, mert nem a vég bekövetkeztét jelenti, a halasztódó vég álcája mögött sokkal inkább az a felismerés történik, ismétlődik meg újra és újra, hogy a kezdet kijelölhetetlen, hogy az erre irányuló valamennyi erőfeszítés eleve lehetetlen és kudarcra ítéltetett" (Balnchot 2005, 47).

A mítosz szerint Dionüszosz anyja először is maga a *techné* volt, hiszen egy kis, mesterségesen védett barlangban, a kor inkubátorában (Euripides 19) született Nüsza hegyén. A történet korábban kezdődik. Dionüszosz Zeusz combjából jött világra szarvakkal és kígyókoszorúval a fején, de nyolcadik hónapra született, és mert Héra üldözte, egy barlangba menekítették. De a történet korábban kezdődik. Dionüszosz Szemelé hercegnő méhéből jött a világra, de a féltékeny Héra addig duruzsolt Szemelé fülébe, vegye rá Zeuszt, hogy az mutassa meg igazi természetét, míg Zeusz megtette, megmutatta valódi villám alakját, és halálra égette Szemelét. Ezután varrták Dionüszoszt Zeusz combjába. Csakhogy a történet még ennél is korábban kezdődik. Dionüszosz eredete annyira homályos, hogy eredetileg nem is Dionüszosz néven volt ismeretes, hanem Zagreusznak hívták. Zeusz és Perszephoné gyermekeként látta meg a napvilágot (az a Perszephoné volt az édesanyja, akinek szívét Orpheusz az alvilágban meglágyította, s akitől engedélyt kapott, hogy Eurüdikét felvigye a napvilágra). Héra féltékenységében megparancsolta a titánoknak, hogy a gyermeket tépjék darabokra és főzzék meg (vö. a szétszaggatott Zagreusz > a szétszaggatott Orpheusz). A szívét azonban épen kellett hagyniuk, mert annak Athéné, Rheia és Démétér is őrzője volt. Végül Zeusz Rheia segítségével összeillesztette a gyermeket (immár Dionüszosz alakjában), és Szemelé méhében rejtette el. De mint Héra makacs féltékenysége mutatja, a történet valójában mindezt megelőzően kezdődik: mégpedig magával a *csábítással.*

A szétszóródás, az alakmások, az átváltozások létrehozzák a hitelességet, az ihletet, a csábítást, a befogadó bevonását, lehetővé teszik, hogy az elragadtatott Én az egyes szám első személy káprázatából egyes szám harmadik személyűvé hasadjon, hogy megszülessen a dráma, és megszülessen a történet. Vagyis a történet korábban kezdődik. Orpheusszal, a költészettel.

V. ~~E/1~~

A költő Paul Auster francia elődeitől az objektivizmus lírai hagyatékát kapta örökül. A már említett elődökön és Celanon, Reznikoffon, Ridingon kívül George Oppen, Charles Olson és Jack Spicer nevét említi a kritika verseivel kapcsolatban. Riding, Celan, Wolfson, Jabès és Reznikoff munkássága előtt Auster *Az éhezés művészete* (Auster 1998) című tanulmánykötetében esszéistaként is tiszteleg, de az 1974 és 1980 között megjelent kötetek versei közül nem is egy allúziókkal üzen a mestereknek. Ezek a versek végletekig lecsupaszítottak, Oppen kifejezésével az „egyes szám hajótöröttjeként" (79 – Saját fordítás) a lírai én, a beszélő hang létrehozásának erőfeszítése formálja őket. Auster számára nem lehetőség többé a személyességgel szemben felmutatott tárgyiasítás őszintesége, a bensőségesség önmagán kívül helyezése. Sem W. C. Williams „Red Wheelbarrow"-jának epifániája, sem az imagizmus transzcendentális, rögzített monolitjei nem adottak többé poétikai lehetőségként.

> A kortárs költők (rendszerint sikertelenül) számos stratégiát bevetnek, hogy írásaikból kiiktassák a lírai ént. Auster sosem tartozott közéjük. [...] Igyekszik helyreállítani az író szubjektum és a külvilág közti egyensúlyt; az Én elvesztésének vihara (vagy divatosabban: *az Én finom dekonstrukciója) sohasem érdekelte*, ellenére mindannak a kínnak, ami a vágyott equilibrium elérésével jár. (Finkelstein 1995, 47 – Saját fordítás, kiemelés tőlem)

Irodalmi gyökerei Austert költőtársai közül leginkább Reznikoffhoz kötik. Reznikoff versei számára esélyt jelentett a nagyvárosi tér rideg, objektív valóságának szenvtelen-szenvedélyes pillanatainak üzenete, a verstárgy radikális megtisztítása az abjektként[25] (Kristeva 1982) kezelt szubjektum valóságától, a lírai én jelenlétének végletes redukciója. Amint az abjekt a szubjektum és objektum közti holttér pozícióját jelöli, ahol Blanchot-ra rímelve egyszerre él, és egyszer holt az Én, így a művészet csupán az azt létrehozó erőfeszítés melléktermékeként születik meg. A kivont Én és a kivonatolt valóság rituális aktussá emeli a befogadás

---

[25] Julia Kristevánál az abjekt a szubjektum és objektum közti holttér pozícióját jelöli, ahol Blanchot-ra rímelve egyszerre él, és egyszer holt az Én. Vö. Kristeva 1982.

folyamatát. A legbanálisabb, leghétköznapibb jelenetek, helyek, tárgyak válnak revelatív erejű pillanatok teremtőivé. Örökösei számára „[a]z objektivizmus fókusza alapvetően nem a tárgy *per se*, hanem az objektivizáló nyelv, mely dialektikus módon következik a világra adott szubjektív válasszal kapcsolatos aggályokból" (Finkelstein 1995, 54 – Saját fordítás). Reznikoff száműzött vándor, aki számára a Berkeley-tétel: *esse est percipi* a lírai megszólalás episztemológiáját, témáját és formáját jelenti. A „döntő pillanat" (vö. Auster 1998, 16-32) szolgálatába szegődött merő, intenzív tekintet számára a Másik, a tárgy nem feltárulkozik, hanem a szubjektumtól függetlenül *van*. Bár a megfigyelő tekintet teremti jelenlétét, azonban birtokba már nem veheti, mivel a tárgy tovatűnne. A visszameredő üres lapról, mely a legkevésbé sem csábító, Blanchot ezt írja:

> Az író látszólag ura tollának, nagyfokú uralomra tehet szert a szavak felett, afelett, amit ki akar velük fejezni. Ez az uralom azonban csak annyit használ neki, hogy kapcsolatba kerül és kapcsolatban marad azzal az alapvető passzivitással, ahol a szó – nem lévén más, mint egy szó látszata és árnyéka – sohasem uralható, sem nem megragadható, mert az is megragadhatatlan, amitől nem lehet megszabadulni, az elragadtatás eldöntetlen pillanata. (Blanchot 2005, 12)

A *döntő pillanat* esetlegességének kitett megfigyelő számára a valóság nem adott, a tekintet képtelen ráhagyatkozni. A térben előrehaladva kell megküzdenie minden egyes pillanatért. A költő magánya ebben a poétikában az első és utolsó emberi lény magánya, aki feszült, aszketikus figyelemmel teremti meg az észlelés fragmentumait. A költészet ideje a száműzetés ideje, tere a terméketlen sivatag.

Auster költészete az észlelés ezen episztemológiáját ontikus szintre utalja, „megszállottan járja az identitás egysége és az Én szabad szétszóródása közti határmezsgyét" (Finkelstein 1995, 57). „Mi áll a fehérség párkányán, / láthatatlanul / a beszélő szemében" (Auster 2007, 76). A határon-lét transzparenciája a szubjektumra is átterjed. Reznikoffról Auster kritikusként még ezt írhatja: „A világ nem pusztán halmaz, hanem folyamat – és minden alkalommal, mikor a tekintet behatol e világba, részt vesz az előtte feltűnő szétszórt dolgok életében. Míg az objektivizmus a premissza, a szubjektivizmus a szótlan szervezőerő" (Auster 1998, 154 – Saját fordítás). Auster megkísérli helyreállítani a beszélő szubjektum és az objektív valóság között véglegesen felborult egyensúlyt, s a tét arra kényszeríti, hogy új territóriumokat járjon be. Ez a küzdelem jellemzi költészetét; mindvégig a megszólalás lehetőségét/lehetetlenségét kutatja, míg végképp el nem hallgat. Az Én és a világ újrafelfedezésének primordiális ereje az objektivista elődök számára költői lehetőségeket nyitott, ám ezek az esélyek Auster számára már kimerültek: a nyelvi objektivizáció kapui bezárultak.

Auster száműzött beszélője a totális hiány, a jelen-nem-lét világában barangol az Én elveszett egységének és a szétszóródó Én szabadságának határvonalán. Minden egyes sor a jel és jelölt közti űrt térképezi fel. Témái univerzálisak és egzisztencialisták, a stílus kíméletlenül minimalista és mérnökien absztrakt, ám az alkotó erőfeszítései eleve kudarcra ítéltek. „Abból, hogy a sivatagban vándorolsz, még nem következik, hogy létezik is az ígéret földje" (Auster 1982, 32 – Saját fordítás). A rabbinikus hagyomány eljövendő Jeruzsáleme az a soha el nem érhető abszolútum, amihez csak úgy kerülhet közelebb az isteni hiány (urbánus) sivatagában bolyongó én, ha minduntalan elfordul tőle. Ez az egyidejűleg kétirányú mozgás a nyitott kérdés, a kérdésben (alanyként és tárgyként szereplő) lét fenntartása. A líra tárgya, akár a próza története, pusztán ürügyül szolgál határainak körüljárására. „[...] A nyelv / örökké elvisz minket / onnan, ahol vagyunk, és sehol / nem pihenhetünk / azokban a dolgokban, melyeket látni / kaptunk" (Auster 2007, 18).

A versek mindannyiszor visszatérnek a mondódásban lévő nyelv és szubjektum közti viszony feszültségéhez. Tárgy és Én dialógusának egyensúlya nem egy objektivizált nyelvi valóság eredménye, hanem a szubjektum nyelvi létezésének tétje és ténye. Nem a személyesség eltávolításának vágya, hanem a személyiség transzparenciájának megpillantása szervezi Auster poétikáját. Az elmében megnyíló fehér tér a jelölés, az emlékezet végtelen tere, ahol minden megtörténhet, és ahol mindig már minden megtörtént. „A lélegzet előtti helyen / érezzük, amint árnyékunk áthalad" (28). Ez a tér jelenti a jelentés és a jelentésesség végső esélyeit. Éppen ezért e költemények „alkotássá-válás-folyamatában-lévő-munkák" (Auster 1982, 91 – Saját fordítás). Míg a későbbi regényekben a cselekmény fehér terének (Auster 1988, 103-110) körüljárása *történik* a szétszóródó Én-ek tükörjátékaiban, itt a költői tudatban *fissure*-ként tátongó szemiotikai szakadék peremén maga a tükör dúdolja vallomásait. Az ének már készülődik, hogy átadja helyét a későbbi Én-eknek.

A vers csak addig lélegzik, amíg a figyelő tekintet beszélni képes. Az önazonosság igazságának kimondása értelmezhetetlen egy olyan nyelvi szituációban, ahol szubjektum és predikátum felcserélhető, mert a nyelv mondja a beszélőt, aki viszont egyszerre teremti és csupaszítja le e saját maga létrehozta nyelvet. Térképet nem rajzolhat, csak saját határait tapogathatja az a szöveghely, melyben az egyik kijelentés eltörli, visszavonja a másikat, s ahol az elégikus hangnemet nem az Én egységének elvesztése fölött érzett fájdalom, hanem a Tekintet pillantásában elveszett szubjektum halk tűnődése szüli. Gyakori stilisztikai eszköz az infinitívusz használata, a sorokat a papír fehér terei törik meg mindegyre újabb impulzust követelve az olvasótól a folytatáshoz. Egyes szám első személy Auster kiforrott költészetében csak kitüntetett helyeken jelenik meg. Az egyes szám hiányával való rideg szembesülés utáni kivételes, kegyelmi pillanatokban szólal csak meg néha az első személy humanizmusa, de csakis többes számban. Ahogy a Celan tiszteletére írt vers reményfosztott záró képének kádenciájában is: [...] „hogy negyven nap / és negyven éj / nem hozta a galambot / vissza hozzánk" (Auster 1988, 61 – Saját fordítás). Egy olyan poétikai nyelv fragmentumai ezek a költemények, melyek paradox módon a nyelvet mintegy nyelvelőttiségében igyekeznek megragadni a puszta tudat gondolati emanációjaként. A megnevezés elkerülése teremti meg azt az üres, fehér teret, amely az azt századszor is körüljáró költő számára lehetőséget nyit a megszólalásra. Az első vékonyka kötettől (*Unearth*) az utolsó nagy lélegzetű prózaversig („White Spaces") a megszólalás lehetetlensége űzi, hajszolja a semmi peremét járó tekintetet, amely beszél. Auster így ír Reznikoffról: „Mert meg kell tanulnia a szemével beszélni és kigyógyítania magát abból, hogy a szájával lásson" (Auster 1998, 35). A wittgensteini paradigma, miszerint ha valamihez jelentést rendelünk, az jelentéssel bír, itt egybefonódik Harold Bloom azon tételével, hogy a szöveg vallásos és világi jellege a posztmodern kondícióban eldönthetetlenné válik. „Csak semmiség, ami nem semmisség"[26] (Auster 1988, 57 – Saját fordítás). Az identitás igazsága nem az író szubjektum egységében, sem nem disszeminációjának reprezentatív aktusában rejlik, sokkal inkább az Auster-regényekből oly ismerős kísértetjárásból, ami a száműzetés labirintusának szekuláris/szakrális terébe csalogatja a befogadót. Finkelstein Harold Bloomot idézi: „Akinek úgy tetszik, ragaszkodhat ahhoz, hogy a magas művészet szekuláris, de ugyanúgy az is állítható, hogy az erős költészet eleve szakrális. [...] Költészet és hit egyszerre jár külön és együtt az igazság és a jelentés határolta kozmikus űrben" (Bloom 1989, 4 – Saját fordítás). A semmi mondása vallásos erejű aktussá tesz minden megnyilatkozást, rituálévá avat minden szót. „[...] a hatalmas képnélküli képmása / horgonyoz idebent. / Ó, mi sáskatüdejűek, mi, / bérencek, elevenen boróka és törmelék közt, / megtörtük a velünk járó / lepénykenyeret, / lépések voltunk, vakságba / kóborlók, addigra tudtuk már, / hogyan lélegezzük magunkat tovább / a semmibe" (Auster 2007, 78). A befogadás, az észlelés eltünteti a harmadik személyű alanyt, aki „először vesz lélegzetet az egyes számon túl" (77). „Szemek csődülete / milliónyi" (78): az önmaga számára is megismerhetetlen Én új Ádámként tekint végig a hozzáférhetetlen tárgyak és emberek sokaságán, de nem ruházhatja fel őket névvel. A szavak e versekben a nyelv kövei, másutt a város értelmezhetetlen alakjai és eseményei, melyek iszonyatos fallá állnak össze. „A fallal szemközt – / felmagasztosítja a részletek irtózatos összegét. A semmi az. / És minden, ami ő maga. [...] Mert ő is a csendben él, / mely megelőzi a szót, / ami övé"

---

[26] A szintaktikus viszonyok a szubjektum és predikátum hiánya/felcserélhetősége az objektivizmus erejét adó interpretációs kényszert feloldja, megsemmisíti. A hallgatásban lét, nem pedig az elhallgatás a szervező erő.

(Auster 1988, 83 – Saját fordítás). És mert a sorokból nem az objektivista hiány teljessége, hanem a tükör vallomása szól, mindez a humanizmus forrásává válik. „Mert ez az ő nosztalgiája: egy ember" (79 – Saját fordítás). Ahogy a jelentésképzésben meggátolt olvasó előtt az értelmezés képtelenségének interpretációival új terek nyílnak meg, úgy válik reveláció és *jouissance* (Lacan 1992, 67) forrásává a szavak kősivatagában barangoló, száműzött hang számára az önreflexió. Lacan az örömelvvel szembeni transzgresszióként határozza meg a teorémát, mely az örömelv korlátait átszakítva a gyönyör kínját eredményezi. Ismét az önmagába omló, ellenirányú mozgás eredményezi a feszültségben felszabaduló szövegenergiát. A bárhollét, az elveszettség, az eltűnés, az egymást kioltó jelentések paradoxonai a tisztánlátás pillanataival forrnak egybe.

A költői helyzet aporikus nyelvi megelőzöttsége adja a költői hitvallást. „A falak nyelve. / Vagy még egy utolsó szó – / kihasítva a láthatóból"(Auster 2007, 82). Az *Arccal a zenének* (Auster 1980), az életmű elején még egyes szám első személyben keresi a celani palackpostát kibontó olvasót. „Az ellehetetlenült szavakban, / a kimondatlan szóban, / ami megfojt, / megtalálom magam" (45 – Saját fordítás). „Nekünk a föld nem hagy / eléneklendő szavakat. / Mert a föld szétporladása / talpunk alatt / önmagában zene, s e kövek között sétálni annyi, / mint semmi mást nem hallani, / csak önmagunkat" (Auster 2007, 36). A részletek irtózatos és közömbös tömege felől szemlélve azonban az írás provokatív, offenzív aktus is egyben. „A tintád megismerte / a fal agresszióját. [...] Minden szótag / a szabotázs műve" (Auster 1974, 19 – Saját fordítás). A kijelenthetetlen kijelentés egzegézisét mormoló, s a megnevezhetetlen nevet századszor is körülíró költői hang mindvégig az elhallgatásra készül. Az *Arccal a zenének* egyik korai versének sorai: „ [...] ha beszélünk / a világról / az annyi, mint a világot szó nélkül / hagyni. [...] Mintha állhatnánk / ebben a fényben. Mintha állhatnánk a fény / egy pillanatának / csöndjében" (Auster 1980, 116 – Saját fordítás). A „Credo" az életmű egy korai szakaszában zavarba ejtően elegyíti a klasszikus hagyományt, a modernizmus erejét és követeléseit a minimalista költészet nyelvi, ontológiai pozícióival: „A végtelen / kicsiny dolgok. / Csak egyszer lélekzeni / a minket körülvevő végtelen / kicsiny dolgok / fényében. / Vagy semmi sem / kerüli el / e sötétség csábítását, a szem / felfedi, hogy nem vagyunk más, / csak mi kevesebbé tett bennünket. Semmit sem mondani. Annyit mondani: / a puszta létünk / függ ettől" (Auster 1980, 113 – Saját fordítás). A *credo*, a hitvallás mint hagyományos költői megszólalási mód ebben az új poétikai helyzetben egyszerre törlődik és jön létre felfüggesztésében. *Credo ergo sum.* A *credo* egyszerre verscím és utalás a műfajiságra, a hangütés azonban állítás és egyben annak negációja is, mivel az egyetlen E/1-es személyrag a cím műfaji meghatározásában szerepel. A kérdés nem az, hogy miben, hanem hogy ki az, aki hisz. A nyelv, így tehát az Én is a szemiózis során konstituálódik, nem megfordítva, ezért lesz élet-halál kérdése számára a nyelvbe vetett haldokló lét, ahogy később a regények hősei számára is létkérdés az éhezés művészete, a történet végének elhalasztása. A versben az egyetlen kauzális viszonyt a „vagy" kötőszó jelzi, ám ennek fenyegető irányát is feloldják az utána következő kijelentések. A fény lélegzete és a sötétség csábítása, a semmi mondása és a záró sor imperatívusza közti dichotómiákban szereplő fogalompárok tagjai felcserélhetőkké válnak, de egymás nélkül értelmezhetetlenek maradnak. Ez az az egyensúly, ami a sorzáró pont után semmivé foszlik, hogy aztán a vers beszélője is végképp elhallgasson: „[...] töltsd / teli zsebed földdel, / és pecsételd le barlangom / száját" (Auster 2007, 35 – Saját fordítás).

5.1 FEHÉR TEREK

Egy évtized során négy vékony kis kötet jelent meg, majd ezeket követően 1980-ban adta ki Paul Auster a „White Spaces" című meditatív prózaverset. Utóbbi nem annyira összefoglalása az elkészült költői életműnek, mint inkább a folyamatosan destruálás és konstruálás alatt álló *inventio poetica* eddigi utolsó költői megfogalmazása. Auster, a költő, aki mindvégig a megszólalás lehetőségéről énekelt, e verse után elhallgat. Még ez egyszer lírába foglalva olvashatjuk ugyanazokat a nyelvfilozófiai, episztemológiai, filozófiai előfeltevéseket, melyek a későbbi regényeket is szervezik. Ez a nyolc oldalas prózavers ugyanazt az ősszöveget artikulálja, amit az azt követő *A magány feltalálása* a memoár-irodalom nyelvén fogalmaz meg. A „White Spaces" poézise olyan posztstrukturalista fogalmak köré szerveződik, mint a megelőzöttség, iterabilitás, a nyelv transzparenciája, a szubjektum kontingenciája vagy az eldönthetetlenség. A próza és vers határán Auster megkísérli megszólaltatni a csend poétikáját a nyelv némaságában, de már a csend történetei felé fordul. Az egyes bekezdések, sőt olykor az egymást követő mondatok is törlésjel alá helyezik egymást, ezzel szüntetve meg önnön érvényességüket. Ezek a fehér terek az irodalom poétikus terei. A test és a nyelv szubverzív viszonya a mozgást és a beszéd aktusát felcserélhetővé teszi. Valami megtörténik vagy nem történik meg, és többé már semmi sem ugyanaz.

Az első bekezdés a következő tagmondattal nyit: „Valami megtörténik." A második bekezdés még egyszer elindítja ugyanezt a mondatot, de már bővítve. Az ötödikben „Valami elkezdődik". A tizenegyedikben digresszió következik „Másképpen mondva." Hangsúlyosan különálló mondatként. A tizenötödik kezdő sora relativizál, kimozdít, eltávolít: „Megtörténik, tovább történik, elfelejtettük, hol voltunk, mikor elkezdtük." A tizenhetedik újra nekiindul, hogy „Kezdetben" mit is akart tulajdonképpen. A tizenkilencedik beismerés: „Semmi sem történik" (Auster 1988, 103-110 – Saját fordítás).

Hangsúlyosan külön mondatban. Azonban a végső határhoz érve még mindig hátra van két bekezdés. Kimeríthetetlen a pusztulás tere. Ebben a térben jár a hang, beszél a mozdulat. Minden egyidejűleg történik, ám e történésekről semmi sem tudható: amint megismerhetetlen a Másik, ugyanúgy átjárhatatlan a szubjektum önmaga számára is. A párhuzamos szövegvilágok, univerzumok kapcsolatát, érintkezését a magánál nagyobb rendszert inkorporáló rendszer elve rendezi, illetve az abból következő szövegközi kapcsolatrendszer radikális szinkronitása. [A *pars pro toto* viszonyok *A magány feltalálásá*ban is visszatérnek: „Az elme nem elég tágas ahhoz, hogy önmagát teljesen befogadja. De akkor hol található az a része, amit nem képes befogadni? Önmagán kívül volna, nem benne" (Auster 1982, 88 – Saját fordítás).] A hang megszólal, hogy az intertextualitás metonimikus érintkezésláncait létrehozva betöltse a nyelv csöndjét – anélkül, hogy megtörné azt. Hiszen a kapcsolódások lehetőségként mindig is adottak voltak. A megszólalás nem önmagával azonos (nem hangos), a vele párhuzamosan történő összes eseményt, a mellette megszülető valamennyi jelölőt jel-öli, elhallgattatja. „[...] [M]intha a szemeim előtt feltáruló kicsiny világban felfedezném az engem meghaladó élet képzetét, mintha – előttem is homályos módon – életem részletei összefüggésben volnának az összes többi dologgal, vagyis az egész hatalmas világgal" (Auster 1988, 106 – Saját fordítás).

A harmadik bekezdésben arról olvasunk, hogy az emlékezet birodalmában, ahol minden kétszer történik, megszületik a történet. A befogadott jelentést felidézve, egyben újraértelmezve újabb jelölő és jelölt képződik, és így tovább *ad infinitum*. A következő bekezdés azonban arra figyelmeztet, hogy a jel-en-lét a prezencia fluxusában mindig már megkésett, a jelenlétre való ráhagyatkozás, a pillanat kiemelése tovább mozdít, újabb történetet, újabb megnyilatkozást létrehozva, mely így törli az őt megelőző nyomát. A negyedik paragrafus ily módon törli az azt megelőzőt, hiszen a múltnak nincs emlékezete, azt a bevésés alatt álló nyomok jelenléte törli el. Mindebből pedig nem következik semmi, pusztán „a legfelsőbb közöny az iránt, hogy éppen hol vagyunk" (104 – Saját fordítás).

A nyelv inadekvát volta a beszélő hang számára lehetetlenné teszi az esemény leírását. Ha a nyelv pontatlan és téved, akkor már annak kimondása is téves, hogy a nyelv téved. A változásban lévő valóság mögött kullogva a hang a mozgás megszűntével hallgatóság, tárgy, valamint az esemény tanúi nélkül marad. A nyelv tovább beszél, de ezek a szavak már a csend hangjai. A tizenegyedik bekezdésben nyelvfilozófiai kitérő elmélkedik az Ószövetség láthatatlan, megnevezhetetlen, felfoghatatlan Istene és az angol nyelvben meglévő lebegő jelölők közti párhuzamról[27] (106). A kérdés

---

[27] Vö. A *New York trilógiá*ban (Auster 1991, 132-134). Nyelvészeti szempontból izgalmas ellentmondás az argumentációban, hogy Auster itt egy kalap alá veszi a „prop it" és az

nem azért merül fel, mert a nyelv inadekvát voltát előfeltételezi, hanem éppenséggel a jelentéstulajdonítás nyelvi immanenciára tekintettel. Miként lehetséges, hogy a semmit körülbeszélő szubjektum szavait mondó nyelv akkor is jelentéssel bír, ha ez a jelentés nyelvi eszközökkel nem kifejezhető? A nyelv egyszerre mutat túl önmagán extenzíven és intenzíven: az elkerülhetetlen jelentésesség kifelé és befelé is irányul. Ez a mozgás azonban nem a metafizikus logosz végső jelölőjére mutat, nem egy zárt, normatív rendszer karteziánus immanenciájára, és nem is a gondolatnak a nyelvvel szemben képviselt elsőbbségére. Az ikonológia emblematikus példáinak, a *mise-en-abyme*-ok intra- és extradiegetikus szimulákrumainak terében létrejön a jelölők azon eksztatikus játéka, amely a végtelen számú kapcsolódásban létrehozza az értelmező számára *írható,* tehát mindig már értelmezett jelentések *csillagokká* repesztett miriádját (Barthes 1997, 25). A nyelvi jelölés ilyenforma öngerjesztő mechanizmusa izgalmas módon játszik el a délibábos metafizikai horizonttal, de ez a játék már a későbbi regények realizmus és valóság fogalmaihoz vezet majd el.

A következő bekezdés néhány mondata a majdani próza (első sorban: *a New York trilógia, A végső dolgok országában, A véletlen zenéje*) összövegének vázlatos felmondása[28] (Auster 1988, 106-107). A puszta tekintet

---

„introductory, extrapository it" szintaktikai-szemantikai jelenségeit. Ugyanis míg az előbb nyelven kívüli jelöletlen denotatív kapcsolást fed el (pl. „It is raining." „It is five o'clock."), az utóbbi két tagmondat között végigvitt hiánytalan kataforikus utalást indít (a versbéli példa: „It goes without saying." De folytatódik tovább is a kihelyezett alannyal: *„It* goes without saying *that we do").* Auster szövege tehát láthatóan lebegő jelölőnek tekint bármit, ami jelöltjével nem statikus, deiktikus viszonyt ápol, vagyis a terminus érvényességét kiterjeszti az egész nyelvre. A beszéd aktusa fizikai aktussá válik azzal, ahogy az egyik jelölő az elliptikus jelöltre utalva, az általa betöltendő pozíciót kijelölve teszi meg az utat az újabb lebegő jelölőig, ami a nyelv mondódásához vezet. A szubjektumot beszélő nyelvnek nagy segítségére van, ahogy Auster a beszédhelyzetben rájátszik saját vakfoltjaira. Az eredetiben ez így hangzik: „The „it", for example, in the preceeding sentence, „it goes without saying," is in fact nothing less than whatever *it* is that propels us into the act of speech itself. And if *it*, the word „it," is what continually recurs in any effort to define *it*, then *it* must be accepted as the given, the precondition of the saying of *it*." Vagyis az antecedens és a névmás hierarchikus viszonya szubvertált, invertált és konvertált, akár a kvantummechanika szubatomi részecskéi. Ugyanez a gondolat a *New York trilógia* lapjairól is visszaköszön: „It was something like the word „it" in the phrase „it is raining" or „it is night." What that „it" referred to Quinn had never known. A generalized condition of things as they were, perhaps; the state of it-ness that was the ground on which the happenings of the world took place. He could not be any more definite than that. But perhaps he was not really searching for anything definite"(133). Véletlen egybeesés, hogy az 'it'-ség taglalása *A magány feltalálása* és az *Üvegváros* esetében is a 11. fejezetben található, ahogy véletlen egybeesés, hogy a 11 az 1 *Doppelgänger*e.
28 „Valaki elutazik valahová, ahol még soha sem járt" (106-107 – Saját fordítás). Ez valamennyi Auster-regény fülszövegén szerepelhetne. „Valaki megérkezik egy olyan helyre, aminek nincs neve, amit nem jelölnek határkövek" (ibid. – Saját fordítás). „Egy másik ember elindul az előbbi keresésére" (ibid. – Saját fordítás). Kibontva: *A magány feltalálása, A bezárt szoba, A végső dolgok országában, Leviatán.* „Valaki leveleket ír egy nem létező helyről, az elméjében megnyíló fehér térből. A levelek soha nem érkeztek meg. A leveleket soha nem

birodalmában vándorló száműzött harmadik személy itt ereje teljében jelenik meg. A mondatok szikársága, a főnevek monoton ismétlődése, az egymás jelenlétén élősködő, majd a fehér térben eltűnő *Doppelgänger*ek reménytelen utazása bevonja a teljes későbbi életművet ugyanúgy, mint annak előszövegeit: Knut Hamsun *Éhség*ét, Franz Kafka *Éhezőművész*ét vagy Beckett munkáit. A „Fehér terek" valójában több egymásba taposott tudatréteg, palimpszeszt, amely a papír fehér terein kóborló hang újabb és újabb nyomait hordozva végül ugyanúgy magára ölti az éjszaka áthatolhatatlan sötétjét, mint a zárlat szakadatlan havazásának mindent kioltó fehérségét. Ritmusa az öntudatra ébredő Én örök visszatérése a kezdőponthoz, és ütemmé válik a fehér terébe nyomot véső és egymást követő lépések számának, számmisztikájának tagolása is.

A szöveg első sora – „Valami történik" – genezis, fogantatás, mely a bűvös számú, harmadik bekezdésben eljut a történet születésének pillanatáig [(„elkezdeni a csend betöltését anélkül, hogy megtörne" (103 – Saját fordítás)], hogy a negyedik paragrafus tükörfázisával [(„Kérem azt, aki hallgatja e hang szavait, hogy felejtse el a szavakat, amiket beszél" (ibid. – Saját fordítás)], öntudatra ébredésével, megkettőzöttségével [(e szavak „nem mondanak semmi különösebbet azon kívül, hogy ők voltak az a valami, ami akkor történt, amikor egy adott test mozgott az adott térben (ibid. – Saját fordítás)], törlésjelével végképp belebonyolódjon saját létezésének reflexióiba. A hetedik bekezdés a testet és nyelvet egymás kiterjesztéseként helyezi metonimikus viszonyba – rímelve *A magány feltalálása* egyik mondatára: „Egyetlen szó sem írható le anélkül, hogy látták volna előbb, és mielőtt eljutna a papírig, előbb a test részévé kell váljon, fizikai jelenlétté" (Auster 1982, 138 – Saját fordítás). A nyelvfilozófiai eszmefuttatás a tizenkettedik bekezdésig tart, és elvezet a harmadik személy történeteihez, az egyes szám traumájának dramatizált, narratív[29] feloldásához[30]. A tizennyolcadik szakaszban váratlanul egy anekdota terjed szét a szövegen – mind előre, mind visszafelé haladva. Peter Freuchen, a sarkkutató egy hóvihar elől menekülve iglut épít magának, ám minden egyes lélegzete a belőle kicsapódó párával szűkebbre fagyasztja az élteréül szolgáló

---

küldték el" (ibid. – Saját fordítás). Kibontva: *A végső dolgok országában.* „Ez a másik ember egyre inkább olyanná válik, mint az első mindaddig, amíg őt is el nem nyeli a fehérség" (ibid. – Saját fordítás). Kibontva: *Laurel and Hardy Go to Heaven, Üvegváros, Kísértetek, A véletlen zenéje, Leviatán.* „Egy harmadik útnak indul, bár nincs reménye, hogy bárhova is eljuthat. Vándorol. Vándorol szüntelen. Mert mindaddig, míg a csupasz tekintet birodalmában marad, vándorol szüntelen" (ibid. – Saját fordítás). Áll minden Auster-műre, hangsúlyosan a *Holdpalotára.*

[29] Vö. *New York trilógia,* p. 109. (Auster prózájában megszámlálhatatlan példa található a hasonlóan paradoxikus parabolákra, melyeknek alapja ~~igaz~~ történet. Vö. a 2001-es *True Tales of American Life,* amelyek ~~igaz~~-történetek.)

[30] Amint azt a *Facing the Music (Arccal a zenének)* kötet olyan vers címei, mint az említett *Narrative (Narráció)* vagy az *Obituary in the Present Tense (Nekrológ jelen időben)* már az életmű elején is megelőlegezték.

jégkoporsót. A próza kontaminációja felülírja a prózavers poétikus sajátosságait, felemészti a szöveget, pusztán fehér papírt hagyva maga után (109). A szöveg 21 elemből áll, ez a 12., a forgószél statikus magja, az elmében megnyíló fehér tér, melynek örvénye a szövegből kimutatva magába szívja a még meg nem írt szövegek végtelen világát. Ezen a ponton belezuhanunk Auster „poszt-textjeibe"[31], összes valamennyi megírandó és megírható szövegébe: Hillis Miller nyelvi pillanatába[32]. Ebben a döntő momentumban, a költői és prózai életmű közötti, az írás terében fellelhető cezúra helyén utoljára még szót kap a lírai egyes szám első személy. A huszonegy bekezdés mindegyike be(le)kezdés *valami*be, ami az utolsó sorok utáni üres térben folytatódik:

> Néhány összegyűrt papírlap. Egy utolsó, lefekvés előtti cigaretta. A téli éjszakában vég nélkül hulló hó. A puszta tekintet birodalmában maradni olyan boldogan, mint ebben a pillanatban vagyok. Vagy ha ez túl nagy kérés, akkor az emlékét megőrizni, a visszatérés lehetőségét az éj sötétjébe, ami újra elnyel majd. Soha máshol, csak itt. És folytatódik az utazás a mérhetetlen térben. Mindenhol, mintha minden hely itt lenne. És a hó vég nélkül hull a téli éjszakában. (110 – Saját fordítás)

A lefekvés előtti utolsó cigaretta után kihuny az öntudat parazsa is, hogy a csend poétája a falhoz fordulva végképp elhallgasson.

---

[31] Vö. „Vonakodva bár, de magam mögött hagytam színes történeteimet, a messzi földeken játszódó kalandokat, és apránként, kínlódva kiürítettem az elmém. Már csak az üresség maradt: egy tér – bármily kicsiny legyen is –, ahol bármi megtörténhet" (108 – Saját fordítás). Vö. *Apophrades*, VI. fejezet.

[32] Vö. „A nyelvi pillanat [...] az mozzanat, amikor a költészet nyelve leginkább »kudarcot vall«, amikor a legkevésbé áttetszővé és legirracionálisabbá válik, [...] amikor a nyelv abszurditásában, nem pedig jelként mutatkozik meg, és valósággal anyagi mivoltában jelenik meg hangként vagy jelzésként a papíron, kiszíva, átitatva, kiszárítva a jelentésességtől" (J. H. Miller, 14 – Saját fordítás). Auster költészete ennek a nyelvi pillanatnak, a „kifehérített, kilúgozott, jelentéstől megfosztott" momentumnak a radikális kiterjesztése. A költői és prózai életmű határán keletkező prózavers magjában lüktető idegen irodalmi anyag anathemája a transzparencia költészetének átlátszatlan, mert eltérő műnemű szövegének. Ez az alakzat a fehér térben keletkező fehér tér kettős tagadását, és ezzel az új, irodalmi *modus vivendi*, a fikció lehetőségét hozza létre.

VI. ORFEUSZTÓL DIONÜSZOSZIG II. – AZ APA HIÁNYA I.

Mottó: „Auster, aki eleinte képtelen volt arra, hogy túllépjen Becketten, most kiútra talált: beírta Beckettet szövegeibe, de eközben tágabb kontextusba is helyezte." Aliki Varvogli (Varvogli 87 – Saját fordítás)

1976-ban a kaliforniai Berkleyben töltött félév alatt Auster három drámát ír. A három egyfelvonásos saját értékelésében „alig több szerény, minimalista ujjgyakorlatoknál" (Auster 1998, 101 – Saját fordítás). Az írások [*Laurel and Hardy Go to Heaven (Laurel és Hardy mennybe megy), Blackouts (Filmszakadások), Hide and Seek (Bújócska)* – Saját fordítás] közül ugyanakkor az első *A véletlen zenéje*, míg a második a *New York trilógia Kísértetek* című kötete előképének tekinthető. A *Hide and Seek*et a kritika Beckett Ó, *azok a szép napok* című drámájához hasonlítja (Varvogli 75), de Beckett hatása mindhárom szövegben tagadhatatlan. Bár a legerősebb darabot, a *Laurel and Hardy Go to Heaven*t John Bernard Myers színpadra állítja, az előadás kudarc, több színmű nem születik Auster tollából. A drámák folytatásai, illetve átiratai majd prózában öltenek alakot (*A véletlen zenéje, Kísértetek*), és ekkor, Auster húszas évei során (Sinda, MacCefferey, 49-62) körvonalazódik *A végső dolgok országában* és a *Holdpalota* alapötlete is.

A *Laurel and Hardy Go to Heaven*ben Beckett két, talán legismertebb darabja, a *Godot-ra várva* és *A játszma vége* kísért, mégpedig elsősorban az apa hiányával. Beckett Kafka mellett a másik nyomasztó hatású irodalmi apafigura Auster számára: a Beckett- és Auster-szövegek közti intertextuális viszonyt Aliki Varvogli, kiemelt kutatási területeként pedig Julie Campbell vizsgálja.

„Beckett hatása olyan erős volt, hogy lehetetlennek látszott túllépnem rajta" – írja erről az időszakról Auster (Auster 1995, 105). Julie Campbell Harold Bloom *Hatásiszony* című kötetének fogalmi rendszerét alkalmazva térképezi fel a szerző viszonyát a becketti irodalmi apafigurához, mely (v)iszony Austert egy apjáról szóló memoár megírására és végül radikális prózai fordulatra készteti.

Harold Bloom, aki rendszerét a költőkre vonatkoztatja, *"ephebosnak"* (Bloom 1997, 1), a költészet kamasz polgárának nevezi az útját kereső művészt, akinek számára élet-halál kérdése, hogy "megtisztítsa a terepet képzelőereje számára" (ibid.), mégpedig az elődök tudatos félreolvasása útján.

Az erős elődök hatása iszonyt, szorongást vált ki az "új idők, új dalaival" betörni készülő utódból, aki a pszichológiai konfliktust (*"agon"*) legegyszerűbben szembefordulással, elvetéssel, félreolvasással (*"misprision"*) kezelheti (ibid.). A sikeres félre-, *el*olvasás az időbeni sorrendiség megfordításával kecsegtet, ahol a megkésettséggel küzdő, ám erős poéta elérheti, hogy hozzá képest olvassák vissza a saját korába zárt elődöt. Bloom rendszerében hatféle revizionista *"ratio"* létezik, melyek listája kimondva, kimondatlanul a fejlődés progresszióját hordozza magában. 1) *Clinamen* (kitérés): a megkésett utód bizonyos pontig elismerve elődje teljesítményét új irányba fordítja azt, hogy kiteljesítse, amit annak nem sikerült (19). 2) *Tessera* (mozaikolás: befejezés és antitézis): az utód az előd rendszerének megtartása mellett teljesíti ki annak művészetét utólagosan is azt feltételezve, hogy az előd "nem ment elég messzire" (49). 3) *Kenosis* (kiüresedés): az utód kísérlete a hatásiszony folytonosságának megszakítására azáltal, hogy kiüríti mind saját, mind az előd poétikai ihletettségét (77). 4) *Daemonization* (szemben a fenségessel): az utód az előd démonikus erejétől inspirálva megteremti saját démoni hatalmát, amely így hatalmasabbá válik annál, az előd "vállára áll" (99). Az eredmény visszamenőleg csökkenteni látszik az előd démonikus erejét, ami a hatásiszony oldódását vonhatja maga után. 5) *Askesis* (az önsanyargatás gyakorlása): az utód mind a saját, mind az előd teljesítményét minimumára redukálja a megtisztulás, a magány gyakorlataival, így saját rendszerszerűségének leépítésével a magában hordozott hatás/iszony is elengedhetővé válik (115). 6) *Apophrades* (a holt visszatérése): az utód felismeri saját hatásának, szolipszizmusának terhét, megnyitja saját művét az előd hatása előtt, és ezzel paradox módon elérheti azt az *unheimlich* állapotot, hogy áldozatában kiindulópontként szolgáljon az őt megelőző mű számára (139). "Az új költemény teljesítménye olyan *unheimlich* hatást hoz létre, amely nem úgy tünteti fel a verset, mintha az előd írta volna, hanem mintha az utód alkotta volna meg az előd jellegzetes hangját" (16 – Saját fordítás).

Farkas Zsolt a ratiók performatív erejét sorban a következő retorémákkal párosítja: *clinamen* – irónia, *tessera* – szinekdoché, *kenosis* – metonímia, *daemonization* – hiperbola, *askesis* – metafora, *apophrades* – metalepszis (Farkas 20-21). Auster drámájában a *kenosis*, az *askesis* és a "döntő *ratio*" (ibid.), az *apophrades* metalepszise válik meghatározó performatív erővé.

6.1 KAFKA – *TESSERA* ÉS *APOPHRADES*

A saját apja hiányával birkózó Auster számára (többek között Hawthorne, Thoreau, Poe, Melville, Whitman, Chandler mellett) két irodalmi apafigura hatása jelenti a legjelentősebb (v)iszonyulási pontot: Beckett és Kafka. Előbbinek Auster kötetet szerkeszt, franciaországi tartózkodása alatt személyes kapcsolatot ápolnak. Auster szeretné lefotdítani Beckett korai verseit. Beckett azonban, miután Auster 1974-be visszatér az USA-ba, levélben utasítja el az ajánlatot azzal, hogy csak saját fordításában jelenhetnek meg korai versei, de ő nem érzi késznek magát a feladatra (Auster 2006, 300). Kafkának Auster esszét szentel (Auster 1998, 23-25). Auster számos művében az apafigura köré felépített ciklikusság íródik vissza, vagy épp törik meg a cselekmények eltérő kimenetelében. Julie Cambell megkerülhetetlen esszéjében (Cambell 2008) részletesen feltárja a hatásiszony poétikai szervezőerejét Auster műveiben. Cambell megállapításait kiterjesztve azt kívánom bemutatni, hogy Auster műnemek közötti határáthágásait, melyek során költőből, drámaírón át végül regényíróvá válik, egy alapvető késztetés válthatta ki, mégpedig a metamorfózisra való eredendő hajlam, amely mindenbizonnyal a szerző apahiányában gyökerezik. Hogy ezt a motívumot megvizsgálhassuk, az Auster költészetéből[33] legjelentősebb drámáján (*Laurel and Hardy Go to Heaven*) keresztül prózájába (*A véletlen zenéjé*be[34]) metonimikusan áthelyezett *fal szimbólumot* használom fel, ezen keresztül bemutatva a két előd austeri, termékeny „félreolvasását".

Kiindulásul érdemes sorra venni Auster szövegeiben a fal szimbólum inherens értelmezési lehetőségeit, hogy második lépésben összeolvashassuk Kafka falával, majd azzal a fallal, ami Beckett műveiben apa és fiú között áll. Auster műveiben négy olyan aspektusa rajzolódik ki a fal szimbólumának, amely aztán újabb, Kafkával és Beckettel dialógust tartó dimenziók megalapozását teszi lehetővé.

1) Nyelv

A költemények szimbolikájából kiderül, hogy a bennük szereplő fal valójában a drámában és a prózában szereplő fal előképe. Vegyük az előző példát, a *Disappearances* sorait: „A fallal szemközt– / felmagasztosítja a részletek irtózatos összegét. A semmi az. / És minden, ami ő maga. [...] Mert ő is a csendben él, / mely megelőzi a szót, / ami

---

[33] Vö. „A fallal szemközt – / felmagasztosítja a részletek irtózatos összegét. A semmi az. / És minden, ami ő maga. [...] Mert ő is a csendben él, / mely megelőzi a szót, / ami övé" (Auster 1988, 83).
[34] Csak anyiban kívánok foglalkozni *A véletlen zenéjé*vel, amennyiben az a *Laurel and Hardy Go to Heaven* prózai kiterjesztéseként, transzformációjaként segít az életművet alakító három műnemet összekötő fal szimbólum kibontásában, illetve szerephez jut a következő alfejezetben is, ahol szükség lesz rá a *mise-en-abyme* metaleptikus szerkezetének felvázolásában.

övé" (Auster 1988, 83). A fal itt a részletek tömkelege, légiója, mely nyelvi megelőzöttségében „földhöz ragadt", és fizikai, mert kohézióját, immanenciáját saját tömege adja. Tisztán szintagmatikus felhalmozódás, mely puszta, önmagába vett elszigeteltséggé transzmutálódik: (el/be)kerítéssé [*de*fence], amelyhez képest a szubjektumok szingularitásai az észlelés szimulákrumában születnek meg. A fal fizikai létének transzferenciája maga a nyelv, a szavak kövek, és a köztük kitöltendő rés az Én.

2) Történelem

A véletlen zenéje című regényben Flower és Stone falat rakatnak, mégpedig egy valamikori ír kastély köveiből. Utóbbi körülmény utalás William Randolph Hearst történelemképző mutatványára, aki az Államokba hajóztatta egy spanyol kolostor köveit, hogy felépíttesse belőlük a St. Bernard de Clairvaux templomot a floridai Miamiban. A fal az Óvilág történelmének szimulációja, roppant gát, amely dacol az idő árjával. A történelem, mely folyamata során jelentésrögzülések, értéktulajdonítások sokaságát halmozza fel, „önmaga emlékműve lesz [...], az új életre feltámadott kövek szimfóniája, mely mindennap gyászdalt zeng a múlt fölött, amit magunkban hordozunk. „ – Siratófal – jegyezte meg Nashe. – Az – mondta Flower. – A Tízezer kő fala" (Auster 1995, 110).

3) Munka

A munkát mind a drámában, mind a regényben egyszerre a láthatatlan és kívülre helyezett hatalom *iránti* megfelelési kényszerből, illetve a hatalom felől kirótt kényszerből végzik el. A kommunikációt biztosító érintkezési felületet a szöveg Max Work (*New York trilógia*), Calvin Murks (*A véletlen zenéje*), a távolban feltűnő, vélelmezett munkafelügyelő (*Laurel and Hardy Go to Heaven*) testesíti meg. E felület valójában a szubjektum konstrukciójának és dekonstrukciójának a felülete: alkotó és mű közötti káprázat. A munka mint szöveg: „Rendkívül élethű és pontos álom volt. Nem is annyira a valóság torz másának, mint inkább káprázatának (»simulacrum«), érzékcsalódásnak (»illusion«) tetszett, és oly gazdag volt részletekben, hogy Nashe még csak nem is gyanította, hogy álmodik" (Auster 1995, 220).

4) Mű

A folyamatában lévő mű, mely az azt létrehozó erőfeszítés kifejeződése, nem más, mint seb, *fissure*: keresztülhasít a téren, és elvágja az alkotót a befogadótól. (Míg a *Godot-ra várvá*ban semmi nem történik *meg*, *A Laurel and Hardy Go to Heaven*ben a darab végére *fel*épül a fal, amely eltünteti, vagyis megszünteti a színpadot, a befogadást, a művet magát.) „A fal sok minden lehet, nem? Kirekeszthet vagy beszoríthat. Megvédhet, de el is pusztíthat. [...] Alkothatja valami nagyobb dolog részét, vagy lehet pusztán önmaga" (Auster 1998, 149 – Saját fordítás). A kezdetben jelenlévő vég mindig köztes, paradox állapot, mégis a túlélést jelenti minden egyes lépés, amelyet feléje megteszünk. „Három órakor azonban furcsa, átható hang – *sípoló kiáltás, sikoly, segélykérő üvöltés* – riasztotta fel, és amikor odanézett, amerről harsant, Murkst pillantotta meg, amint a sapkáját lengeti feléje a mező túlsó végéből. *Megcsinálta!* – hallotta meg Nashe a szavát" (Auster 1995, 256 – Kiemelés tőlem).

Kafkának egyetlen szövege van, amely alapvetően a fal szimbóluma köré épül, *A kínai fal építése* című elbeszélés. E szövegnek rendkívül izgalmas vonatkozása, hogy mindjárt a nyitó bekezdésben önreferenciális, poétikai leírását adja a fal szimbólumának, így magának az elbeszélésnek is, ezzel a kínai fal *mise-en-abyme*-ját jelentve be.

Úgy történt ez, hogy mintegy húszfős csoportokat alakítottak, melyeknek egy–egy körülbelül ötszáz méter hosszú falrészt kellett elkészíteniök, a szomszédos csoport pedig velük szemközt haladva épített egy hasonló hosszúságú falat. De miután így összetalálkoztak, nem ennek az ezer méternek a végén folytatták az építkezést, hanem a munkacsoportokat megint egészen más vidékre küldték falat építeni. Ily módon természetesen sok nagy hézag keletkezett, amelyeket csak lassan, fokozatosan töltöttek ki, sokat csupán akkor, amikor a Fal munkálatait már befejezettnek nyilvánították. *S hogy akadnak végképp beépítetlenül maradt hézagok is* – ez a megállapítás persze lehet, hogy csak ama számos legenda egyike, amelyek az építkezéssel kapcsolatosan születtek, s a melyeket legalábbis a köznapi ember épp *a mű kiterjedése következtében nem tud a maga szemével és mértékével ellenőrizni.* (Kafka 1999, 206-207 – Kiemelés tőlem)

A munka itt is értelmetlen [„Hogyan szolgálhat azonban védelmül egy fal, amelyet nem összefüggően építettek?", „Ki ellen is védelmezne a nagy Fal? Az északi népek ellen? [...] Nem láttuk őket, és ha falvainkban maradunk, nem is látjuk őket soha" (ibid.)], a hatalom pedig láthatatlan [„A vezetés szobájában – hol volt ez a szoba, és ki ült ott, senki nem tudja, nem tudta, bárkit kérdeztem is meg – [...] isteni világok visszfénye hullt a vezetőség rajzoló kezére." „Ha efféle jelenségekből valaki arra következtetne, hogy tulajdonképpen nincs is császárunk, nem járna messze a valóságtól" (ibid.).] A munkásoknak az a vágya, hogy részesülhessenek az isteni rendből, csakhogy a részmunka intézményével mindössze fragmentált, efemer pillanatokhoz jutnak. Az egész vállalkozás mind hasznosságát, mind metafizikus allegóriáit tekintve tökéletesen abszurd. [„Marad tehát az a következtetés, hogy a vezetőség szándéka a részépítkezés volt. De a részépítkezés szükségmegoldás, nem célravezető. Marad a következtetés, hogy a vezetőség valami célszerűtlent akart" (210).] Ugyanakkor éppen a struktúra (Kafka szövegének, és a *mise-en-abyme*-ként funkcionáló kínai fal szerkezetének) hézagos részletszerűsége teszi lehetővé, hogy az abszurd az isteni egység és a magát abba beépítő/beíró munkás dichotómiáján belül mondassék el.

Kafka fala a szimbólum új aspektusához vezet el, mégpedig Auster szövegeiben elsősorban az intertextualitáshoz, és ezzel összefüggésben a szubjektum konstituálódásához kötődő véletlen egybeesések, a sorsszerűség szimulákrumának dimenziójához. A fal konstrukciójára is vonatkoztatható mindaz, amit Roland Barthes a szöveg hálózatosságával kapcsolatban ír, és amire a fal-mint-munka leírásánál már történt utalás.

> *Szöveg* annyit tesz, mint *Szövet;* de míg ezt a szövetet eddig mindig terméknek fogták fel, elkészült fátyolnak, amely mögött ott van, többé-kevésbé rejtve az értelem (az igazság), mi most a szövetben, azt a nemzőelvet hangsúlyozzuk, hogy a szöveg folytonos összefonódásokon keresztül alakul, és dolgozza ki önmagát, a szubjektum, elveszve ebben a szövetben – ebben a szövedékben –, feloldódik [...]. (Barthes 1996, 114)

A véletlen egybeesések rímhívóiban és rímfelelőiben ez a nemzőelv nyilatkozik meg. A véletlen Auster-szövegekben felcsendülő zenéje radikálisan eltérő interpretációs stratégiákat mozdíthat be. A már említett premodern morális kauzalitáson kívül adódhat a mágikus realizmus bevonása az értelmezésbe, vagy tételezhető a szövegekben valamely omnipotens pozíció (például a szöveg és szerző) szeparációjának nyomai. Ez utóbbival a *grand narrative* dichotomikus rendszerein belülre helyeződne a szöveg – függetlenül attól, hogy a szeparáció megerősítését vagy az egység helyreállítására tett erőfeszítéseket mutatná ki egy ilyen elemzés. Ezeket az irányokat azonban kioltja, hogy a fal létrehozása során az építés kombinatorikája hangsúlyos szerepet kap a szimbólumban, mivel az mindig az alkotássá-válás-folyamatában-lévő-munka kaotikusságából következik, amiként a kudarc is a siker egyetlen lehetséges formája. [„Talán csak azért sikerül valami, mert kudarcot vallunk" (Auster 1997, 135 – Saját fordítás).]
*A Laurel and Hardy Go to Heaven*ben a két *clown*t „falépítő" munkásként tünteti fel a szereplők listája, és bár a dráma sugallata szerint minden nappal újrakezdődik a fal felhúzásának abszurd és groteszk munkáját, a szerző pontos táblázatot mellékel, megadva a tizennyolc darab kő pontos elhelyezését (143):

13	15	17	18	16	14
7	9	11	12	10	8
5	3	1	2	4	6

Walter Benjamin azt írja Franz Kafkáról, hogy „Kafka az elrendezést definiálhatta volna sorsként is. Szembenéz vele *A perben* és *A kastélyban*, de még sokkal konkrétabban azokban a bonyolult, és kiszámíthatatlan építési tervekben, amelyeknek tiszteletet ébresztő modelljével *A kínai fal építésé*ben foglalkozott" (Benjamin 119 – Saját fordítás).

Kafka elbeszélésében az építők célja az isteni egység megélése, a munkában megélt teljes unió [(„Egység! Egység!", „[A] falu végén a kis oszlopon ott a szent sárkány, és emberemlékezet óta hódolóan fújja tüzes leheletét Peking felé,[...] Peking és a császár: egy" (Kafka 1978, 324).] Ennek a vágynak a fal hézagaiba szorult nyomait agyonnyomja az a súly, amit a szöveg szatirikus tömbjei jelentenek, így az elbeszélés váratlanul be is reked. („Éppen ezért a kérdés vizsgálatát egyelőre abba is hagyom" (326).] A részletek nem állnak össze a jelentés egészévé, hiszen maga a szöveg kérdőjelezi meg saját lehetőségeit arra, hogy egységes jelentést hozzon létre.

A kövek elhelyezésének fenti táblázata tükörszerkezetet mutat, amely egyszerre foglalja magában az eredeti egytől tizennyolcig tartó „üdvtörténeti" számsor fejlődését, és annak inverzív, öntükröző alakzatát. A dráma ugyanakkor az elemek teljes véletlenszerűségét hangsúlyozza („Laurel: Nem tudom, melyiket válasszam. / Hardy: Nem lehet választani. Mind egyforma" (Auster 1997, 160 – Saját fordítás). *A véletlen zenéjé*ben az egykori jelentéssel bíró épület (ír kastély) falként való transzformációja a művet (nyelv, történelem, munka, mű) visszautalja az irodalmi térbe, ahol a jelölők fragmentumainak elrendezése –bár csak véletlenszerűen, de – lehetséges. „Egy széthulló műfaj hagyományai paradox módon működőképesek maradnak" – állítja Stefano Tani (43 – Saját fordítás) a krimi és az anti–detektívtörténet műfajainak viszonyáról. Igaz ez Auster falára is, ami a jelölés szétszóródásának jeleként magába építi Kafka hézagos, megszakított folytonosságú falát. Harold Bloomnak a fejezet elején felvázolt rendszeréből a *Tessera*, mozaikolás fogalmával azonosítom azt a munkát, amelynek eredményeként Auster újabb tömböt emel a szimbólum Kafkánál is felfedezhető egységeire. Ugyanakkor Auster *A véletlen zenéjé*ben már lemond az elrendezésben rejlő lehetőségekről (a mezőn felépített fal nem zár ki, és nem zár el), egyúttal ebben a regényében megszabadul önmaga szolipszizmusától is (a *Laurel and Hardy Go to Heaven* falát adó elemek elrendezésükben még tervszerűek, a fal felépül, és kirekeszt). A regénybeli fal véletlenszerűségében egyszerre kontinuus és diszkontinuus monolittá válik, vagyis Auster a szimbólum szerkezeti mintázatától (Kafka kínai fala) úgy szabadul meg, hogy a szemiózis szintjére helyezi át, és ezzel a bloomi *Apophrades*, kiürítés gyakorlataihoz köti az újabb és újabb kövek egymásra emelésének rítusát.

6.2 BECKETT – ASKESIS ÉS APOPHRADES

> *Mottó*: „Felismerni, mindjárt a kezdet kezdetén, hogy ennek a vállalkozásnak a kudarc a lényege." Paul Auster (Auster 1982, 20 – Saját fordítás)

„Beckett kevéssel indít, és még kevesebbel zár. Minden egyes munkája a lecsupaszítás útján jár, amivel elvezet bennünket a tapasztalás végső határaira" – írja Auster (Auster 1997, 87 – Saját fordítás). Ahogy a *Godot-ra várva* előszövege Auster drámájának, úgy a *Laurel and Hardy Go to Heaven* is pretextje *A véletlen zenéjé*nek, mégis, a dráma ott kezdődik, ahol a regény véget ér. A regény visszacsatolása dramatizálja azt a végletekig lecsupaszított állapotot, melyet a *Laurel and Hardy Go to Heaven* statikusan kimerevít. Elsősorban a megfosztottság, a kiüresedettség állapota az, ami a regény fal szimbólumát Auster drámáján keresztül Beckett műveihez köti. Flower középszerűségében is lehengerlő önteltsége Pozzo habitusát viszi tovább, ugyanakkor a szereplők rendje Beckett drámájával összevetve a jelölés határátlépéseinek káoszába torkollik. Lucky figurája metonimikusan érintkezik Pozzival (akit jelölt a szerencsére), Pozzo Flowerrel (domináns *clown*ként), Flower és Stone Godot-val (apafigurák). Flower és Stone hasonmásának (*Doppelgänger*ének) játéka lehetővé teszi, hogy mielőtt végképp eltűnnének a történetből, mozgásba lendítsék a *Godot-ra várva* és a *Laurel and Hardy Go to Heaven* statikusságát. A Világ Városa uraiként (vö. a 6.3-as fejezettel), a büntetés kirovóiként isteni attribútumokat vesznek föl, illetve vesz föl megduplázott egységük, ám amint a történet metaszintjén kettősük meghatározta saját isteni, atyai szerepét a szövegben, azonnal ki is íródnak belőle. Stone/Flower („kővirág") a szeretet hiányával megjelölt apa figurája, aki önmaga hiányával őrzi meg a felügyelet és a büntetés hatalmát.

Beckett és Auster szövegeinek összehasonlító vizsgálatával párhuzamba állítható Auster hatásiszonytól terhes viszonya Beckettel (vö. Campbell 2011). A szöveg (Max Work, Murks, munkafelügyelő) ismét tükörfelületként vetíti egymás ellenében a másikra a két folyamatot. Nashe az élet felől a rabszolgaságon át jut el a halálig, míg a szöveg ellentétes oldalán álló szerző a halál felől, a kreativitás útján jut el az életig; végül ebben a tükröződésben világosodik meg a fal szimbólumának újabb értelmezési lehetősége.

Térjünk vissza egy pillanatra a kafkai fal lakunikusságára, valamint ahhoz a gondolathoz, hogy Auster szövegeiben ezek a rések a jelölés rendjéhez kötődnek. Auster több helyütt is hangsúlyozza, hogy a szöveg terét olyan térként képzeli el, amely „elegendő helyet biztosít az olvasó számára, hogy belakja a történetet", mivel a szöveg nem több, „mint a képzelőerő ugródeszkája." „Az elme képtelen üresen hagyni ezeket a helyeket, maga törekszik kitöltésükre, saját tapasztalataira és emlékezetére hagyatkozva képeket hoz létre. [...] A hallgató aktív résztvevőjévé válik a történetnek" (Auster 1995, 140 – Saját fordítás).

A hiány, a töredékesség, a megfosztottság jelölői a stílus szintjén a becketti univerzumhoz kötik ezeket a szövegeket, Auster félreolvasásában azonban a határon lét belső utazásainak absztrakcióját az amerikai álom kellékei díszletezik. A dolgozat elején hozott Auster-idézetből (Varvogli 4) kiolvasható markáns elutasítás az irodalom társadalomkritikai funkciójával szemben jelöltté teszi erre a funkcióra szociológiai szempontrendszert Auster művészetében – mint a *Leviatán* ideológiai terepen játszódó példája is mutatja: egyszerűen kezdenie kell vele valamit. Így a becketti absztrakció semleges tere helyett leginkább New York lesz az a helyszín, amely hol *film noire*-os átpoetizáltságával (*New York trilógia*), hol a szimulákrum káprázatába burkolózva (*A véletlen zenéje*), hol a becketti margóra szorítottság kiterjesztésével (*A végső dolgok országa*) válik az invenció terének kimeríthetetlen alakmásává.

Julie Campbell Beckettet és Austert összevető komparatisztikai vizsgálatában (Cambell 2011) a nyilvánvaló párhuzamokon, *A játszma vége* és a *Godot-ra várva* című drámákon kívül a következő Beckett-szövegeket vonja be értelmezésébe: a *Malone meghal* című regényt, valamint négy elbeszélést, sorrendben: *Az első szerelem, A kitaszított, Nyugtató* és *A vég*. Campbell esszéje a *Laurel and Hardy Go to Heaven* mellett a *Holdpalota* és a *New York trilógia*, illetve az imént említett Beckett-művek választott szöveghelyein bemutatja az apák és fiaik viszonyában a szeretet hiányát és a hozzá kapcsolódó büntetés példáit. Campbell korábbi vizsgálata során két lényegi következtetésre jut. Az első, hogy Beckett *A játszma vége* című drámáját Auster felől visszaolvasva (*Apophrades*) nyilvánvalóvá válik, hogy az Én elvesztése, mely az egymásra következő napok monotóniájának következménye, az Én értékvesztésével, önértékelési zavarával párosul, mely a szeretet és az apa hiányából következik. „Auster »szövegén keresztül« olvasva Beckettet *A játszma végé*ben megnyílt egy irány, amit korábban nem figyeltem meg. Az egymásra következő napok egyhangúságában semmivé foszló Én-nel kapcsolatos félelmek mellett feltűnt a szeretet hiányában elenyésző önérték is" (Cambell 2008, 308 – Saját fordítás). Auster a bloomi *Askesis* metaforikusságát felhasználva (a metaforikus performatív erőre New York azonosítottjai szolgáltak például) jut el az *Apophrades* szerzők közti metalepszisének véghezviteléig. Az *Apophrades,* a hiányt visszaíró ciklikusságának megtörésére a *Holdpalota* Foggjának története, a fertőző ciklikusság terjedésére például az automata Stillman Jr. és a bábos idősebb Stillman párosa lehet példa. Campbell második megfigyelése még kegyetlenebb. „Nyilvánvaló a kapcsolat Beckett művei és aközött, ahogy Auster elmélyült figyelme az apa hiányához kötődő szégyen és bűntudat érzéséből valamiféle büntetés szükségességére következtet, amelyben a

»bűn« megváltása az »áldozat« felől válik lehetségessé" (305 – Saját fordítás).

Mielőtt az apa hiányát, ezt az Auster életművében „szeminális" jelentőségű mozzanatot részletesebben is tárgyalnám – így a lírától a drámán át vezető úton eljutnánk a harmadik irodalmi műnemhez –, a beharangozott prózai fordulatot átugorva egy rövid narratológiai kitérő szükséges. Mert amiként Julie Campbell is megjegyzi: „Azt hiszem, *A véletlen zenéjé*ig kell mennünk ahhoz, hogy a *Laurel and Hardy Go to Heaven*t teljesen átalakítva, új koncepcióba helyezve immár autonóm műként lássuk viszont egy regény formájában" (Campbell 2011, 326 – Saját fordítás).

6.3 A *MISE-EN-ABYME*

> *Mottó (1):* „Az irodalomnak nincs oka, célja, az irodalom *van.*" Esterházy Péter

> *Mottó (2):* „A poem should not mean / But be" Archibald MacLeish (MacLeish, 242)

Moshe Ron alapvető tanulmányának definíciója szerint „bármely diegetikus szövegrész, amely hasonlít azon műre, amelyben felbukkan, abban »*en abyme*« helyezkedik el" (Moshe 436 – Saját fordítás). A *mise-en-abyme* narratológiai alakzatával sokan és sokat foglalkoztak, irodalma könyvtárnyi, az alakzat maga a posztstrukturalista narratológia *mise-en-abyme*-ja. Dolgozatom ugyanakkor semmiképp sem kerülheti el a téma érintését, mivel Auster regényeiben a beágyazott történetek jelenléte nélkül szinte egyetlen történet sem volna elmesélhető, mivel ezek az írás fehér teréhez vezetik az olvasói tekintetet. Az Auster-regény akkor is cím(er)ként határozza meg magát a cím(er)ben (*mise-en-abyme*), ha a kiindulásul szolgáló cím(er) soha nem is létezett. Auster egyes történeteinek ezen eleve („ágy nélküli") beágyazottsága olyan vizsgálatot igényel, amely túlmutat a jelen munka határain, ugyanakkor a korai művekben több olyan emblematikus, emblémaszerű pont is van (vö. a *Holdpalota* ekhpraszisza, Ralph Albert Blakelock *Holdfény* című festményének *ekphrasziszá*a), amely önmagában tematizálja a *mise-en-abyme* ilyen értelmű textuális hatásmechanizmusait. Ezért a *mise-en-abyme* jelentőségét Auster poétikájában a fentiekben tárgyalt *Laurel and Hardy Go to Heaven* című dráma kapcsán (a későbbi prózai mű előszövegeként) behívott *A véletlen zenéje* című regényen kívánom bemutatni.

6.3.1 Cím(er) a cím(er)ben – jel a jelben

A „*mise-en-abîme*" vagy „*mise-en-abyme*" francia heraldikai szakszó, az „*escutcheon*", a címerpajzs közepén szereplő címer az eredeti jelentés. Az irodalomelméleti fogalom ismert fordításai: „szakadékba, mélységbe vetve", „a végtelenben", „végtelen regresszus", „tükörszöveg", „öntükör". André Gide *1893-as Napló*jában először tesz említést a *mise-en-abyme* heraldikai szimbólumában rejlő ikonikus lehetőségekről: „[...] vagy még világosabbá tenné, mi is volt a szándékom, ha azt összevetnénk azzal a heraldikai alakzattal, amelyben az eredeti pajzs egy második reprezentációja is megtalálható:»en abym«, önmagán belül" (Gide 30).

Az eredendően heraldikai koncepció leírása Claude-Edmonde Magny's *Histoire du roman français depuis 1918* című művében szerepel (vö. Magny 1950), Lucien Dällenbach viszont már narrativikai terminusként ír teljes könyvet a témában (Dällenbach 1977). A narratológiában a belső elbeszélés intenzív regressziójából következő extenzív progresszió tükörmechanizmusának megnevezésére használatos a Saussure-i unikornis Peirce-i megfelelőjeként. Mieke Bal a címertanból kölcsönzött alakzat mechanikus applikációjától tartva így ír a *mise-en-abyme*-ról:

> Ez a jelenség (egy beágyazott textus, amelynek története az elsődleges fabulára hasonlít), összevethető a végtelen regresszussal. A jelenséget leíró francia terminus a „*mise-en-abyme*". A terminus a címertanból ered, ahol a jelenség képi ábrázolásokkal kapcsolatban fordul elő. Irodalmi megfelelője esetében azonban a nyelv közegében van dolgunk a végtelen regresszussal. Ezért hiba volna túlhangsúlyozni a grafikai ábrázolással való analógiát, mivel a nyelvben a *mise-en-abyme* korántsem ennyire „ideális" formában jelenik meg. A végtelen regresszus perspektívájába nem a kép teljessége, hanem a szövegnek csak egy része vagy bizonyos aspektusa kerül. A fölösleges bonyodalmak elkerülése érdekében javaslom a „tükörszöveg" terminus bevezetését a „*mise-en-abyme*" helyett. (Bal 57-58 – Saját fordítás)

Mieke Bal javaslata nem pusztán a *mise-en-abyme*-ban rejlő önreflexivitással kapcsolatos lehetőségekre világít rá, de a vele járó szemiotikai bonyodalmakra is. A *mise-en-abyme* szemiózisában szétterjedő deduktív logikai paradoxon teszi alkalmassá az alakzatot arra, hogy feloldja saját referencialitásának határait. Ugyanakkor ez a mozgás nem követi a „másolat másolatának másolata" során kialakuló warholi mechanizmust. A jelölés Saussure-i önkényessége aláássa a mimetikus funkció hangsúlyosságát egy olyan forma esetében, amely saját antecedens struktúrájának határain belül építi fel az önismétlés sorozatait. A „címer a címerben" szemiotikai koncepciója az ikonikusságot Peirce jelelméleti osztályozásához utalja vissza, ahonnan viszont elkerülhetetlennek látszanak a jelek motiváltságával, illetve inherens szimbolikusságával kapcsolatos kérdésfölvetések. Jakobson

Peirce-szel együtt bármely adott kommunikációs rendszer metaforikus természetét és szimbolikus ikonosságát primordiálisnak és elkerülhetetlennek tekinti, így permutálja a Peirce-i felosztást. Ebben az értelemben (a tisztán szimbólumokat nem tekintve) a nyelv szimbolikus ikonokra és szimbolikus indexekre épül (vagy megfordítva: ikonikus és indexikus szimbólumokra), mely tipológia megerősíti a jelölő és jelölt közti kapcsolat önkényes, konvenciókon alapuló sajátságát. Jakobson rendszerére (Jakobson 1971) támaszkodva megkockáztatható az az állítás, miszerint az egyszersmind indexikus (mert jelöltjével egzisztenciális érintkezésben álló) és ikonikus (mert denotátuma jellemzőihez hasonlatos) *mise-en-abyme* a fenti előfeltevések megtartása mellett „szimbolikus indexikális ikonnak" nevezendő.

A fenti állításban rejlő kérdésekre az ikonológia válasza az endoforikus és exoforikus ikonosság közti különbségtétel. North Winfried tanulmányának meghatározása szerint (Winfried 17-29) az exoforikus ikonosság a jelentés mimézise a formában, míg az endoforikus a forma mimézise magán a formán belül. Gazdag és nagyon is élő hagyománya van annak a szembenállásnak, amelyet az exoforikus ikonosságra épülő (Winfried példái Horatius, Lessing és Lotman) és az irodalom autonómiáját, önmagában vett létét (pl. Pope, Wilde, Eliot) tételező esztétikai irányultság hoz létre. „Jakobson rendszere az irodalmiság ezen utóbbi hagyományát követi" – állítja Winfried (24). Mivel az endoforikus ikonosságban az elemek azonos szinten funkcionálnak (nem mutatnak ki valamely valós denotátumra), ily módon az ikonosság szimbolikus alaptulajdonsága megerősítést nyer. A fenti kettős felosztás másik következménye, hogy az önreferencialitás autonómiáját az irodalom létmódjaként határozza meg, vagyis előtérbe helyezi a referencialitást az ábrázolással és a reprezentációval, az önmagában vett létezést pedig a mimézissel és a jelentéssel szemben. E kettős felosztás azzal az előnnyel is jár, hogy jelölő és jelölt kapcsolatának önkényességét, és a jelölés ikonosságát két különböző rendszer részeként választja el egymástól, és ezzel kiküszöböli a kizárólagosságból eredő konfliktuslehetőségeket.

Az ikonosságon belül meghatározott immanens irodalomkép szükséges előfeltétele annak, hogy a *mise-en-abyme* alakzatában végbemenő végtelen regressziót metonimikusan összevethessük azzal az áttetsző, egyszersmind visszaverő felülettel, strukturális hellyel, amelynek körüljárására Blanchot (az irodalom tere), J. Hillis Miller (nyelvi pillanat), Barthes (*punctum*) és de Man (tükör-mozzanat) terminusaival teszek kísérletet. Dällenbach az alakzatok burjánzásaként (Dällenbach 20-26) írja le azt a hasadékot, *fissure*-t, amely lyukként tátong információhordozó rendszer jelfelületén. Amennyiben „A" pajzs kicsinyített mását („B"-t) elhelyezzük az eredeti („A") pajzs közepén („*dead center*", „*en abym*"), belátható, hogy a „B" pajzs által lefedett terület megváltoztatja az „A" pajzs eredeti geometriai szerkezetét, létrehozva ily módon egy harmadik „C" pajzsot (a „B"-t tartalmazó „A"-t), amely a további belső tükrözés során létrehoz egy újabb „D" pajzsot (közepén a „C"-vel), és így tovább a végtelenségig. Vagyis a tükrözés az eredeti alakzat radikális módosulásával is jár. A tükrözésben létrejövő újabb és újabb rétegek ismétlődésének dinamikája visszafejlődő palimpszeszthez hasonlítható. Minden egyes felvitt réteg progressziója újabb regressziót hoz létre *ad infinitum*.

*A véletlen zenéjé*nek két *clown*ja, a protagonista Nashe (az identitás Don Quijotéje) és társa, Pozzi (szerencsekegyelt Sancho Panza) meglátogatja Stone-t (Stan, Laurel) és Flowert (Pan, Hardy), két különc, fura figurát (vö. hasonmás, *Doppelgänger*), akik annyi pénzt nyertek a lottón, hogy szinte csak arra várnak, hogy valaki pókerszenvedélyüket kihasználva megszabadítsa őket a könnyen jött vagyontól. Várakozásaiknak megfelelően a pókermágus Pozzi szépen kasszíroz, de váratlanul elhagyja a szerencséje, amikor Nashe – vendéglátóik szobáiban kóborolva – hirtelen ötlettel le nem szed két játékfigurát a Világ Városának makettjéről, Stone terepasztalra megálmodott miniatürizált utópiájáról. Ettől a ponttól elvesztik minden pénzüket, Nashe autóját, ráadásul veszteségeiket 10,000 dollár adóssággal tetézik: így végül is foglyokká válnak ebben a világban.

> A szoba jóval nagyobb volt, mint Nashe képzelte; tágasságát tekintve jókora csűrre emlékeztetett. Magas, átlátszó mennyezetével és halovány fapadlózatával *csupa nyitottság volt s fény*, mintha *valahol a levegőégben lebegne az egész helyiség.* [...] [E]gyetlen tárgy volt még a szobában; egy hatalmas dobogó, amely a szoba *közepén* terpeszkedett, és aminek a tetején egy liliputi városka makettje állt. (Auster 1995 – Kiemelés tőlem)

A fönti leírás a *mise-en-abyme* terét a jelölés fehér tereként jellemzi, amelyben a szemiózis megkerülhetetlen erői, törvényei felfüggesztődnek, levitálnak. A *mise-en-abyme* terébe lépve első szinten a hitetlenkedés felfüggesztése („suspension of disbelief") megy végbe. Blanchot-hoz visszatérve, a művész lefátyolozott, maszkolt tekintetén áthaladva a néző/befogadó belép a pillantás/tekintet terébe. A szerző szemének/Énjének hiánya jelenik meg csábításként a mű mimézisében, így a szem, miközben elrejti magát, hiányként (csábításként) megerősíti pozícióját a tekintetben, amely felőle (és a befogadó felől) kiindulva megkonstruálódik (vö. a 3.3-as fejezet negyedik képének diagramjával). Ezzel elkülöníti önmaga befogadását a puszta, jelöletlen érzékeléstől, ugyanakkor a mű megformáltságát elleplezendő létrejön a szerző és befogadó között szükséges szerződéskötés, az érzékelés törvényeinek felfüggesztése, a csábítás nélkülözhetetlen garanciája. Második szinten azonban a befogadói tekintet *„en abyme"* a mű központi terében találja magát. „Létezik valami, aminek a hiánya mindannyiszor megfigyelhető egy képen – és ami az érzékelés esetében nem áll fenn. Ez a központi tér, ahol a szem elkülönítő ereje a látványban a maximumára nő" (Lacan 1973, 208 – Saját fordítás). Az a tér, amelyet a pajzson belül önmaga regressziója lefed, olyan holttér, ahol a jelölés örvénye önmaga felfüggesztésében egyaránt áttetszővé és homályossá, regresszívvé és progresszíven terjedővé válik. A *mise-en-abyme* jelenléte végigkíséri az irodalomtörténetet, narratív szerepe művenként változó. A *mise-en-abyme* funkcióinak osztályozásához John J. White rendszerét alkalmazom, aki szerint „[a] *mise-en-abyme* [...] számos funkciót felvehet a didaktikustól, a prófétikuson és a kognitíven át egészen a misztikusig és mágikusig," mindezek szatirikus inverzióját is beleértve (J. J. White 53 – Saját fordítás). A funkciók egyetlen szövegen belül is feltorlódhatnak. A misztikus/mágikus funkció már a bevezetőben vázolt rövid tartalmi összefoglalóban is érzékelhető volt (a *mise-en-abyme* rendjének megbontása a szerencse elpártolását vonja maga után), de *A véletlen zenéje* esetében kontaminatív módon a *mise-en-abyme* valamennyi funkciója átterjed egymásra és a történetre.

A

– Címe: a Világ Városa [...] Szívesen bíbelődöm rajta – mondta bizonytalan mosollyal Stone. – Én ilyennek szeretném látni a világot. *Ebben a városban minden egyszerre történik.*
– Willie városa több mint holmi gyerekjáték – mondta Flower. – Amit maguk előtt látnak, uraim, vízió: *művészi látomás az emberiségről.* Bizonyos értelemben *önéletrajz* is, egy más vonatkozásban azonban, azt hiszem, joggal nevezhetjük *utópiának: egy olyan világ képének, ahol múlt és jövő találkozik, és ahol a jó végül is győzedelmeskedik a rossz fölött.* Ha tüzetesebben szemügyre veszik, látni fogják, hogy sok figura nem más, mint maga Willie. Nézzék csak, azon a játszótéren, ott látható, mint gyerek. [...] A felesége és a szülei ott nyugszanak abban a temetőben, de ezek is ők itt, amint *angyalok* alakjában e fölött a ház fölött lebegnek. [...] *Ha úgy tetszik, ez az elgondolás személyes vonatkozása, nyersanyaga, éltető magja.* (Auster 1995, 101 – Kiemelés tőlem)

Azzal, hogy a modellben az alkotó replikája is helyet kap, a reprezentáció szimulákrumának kiterjesztése a vertikális tengely mentén mind kifelé, mind befelé tartó ismétléssorozatokat indít. Ennek egyik következménye, hogy létrejön a végső mozgatók vég nélküli láncolata, valamint a hozzájuk kapcsolódó, általuk teremtett végtelen számú univerzum. A tipológiai szimbolizmus középkori hagyományára rímelve itt a diakronikus szinkronikus ábrázolást kap, így a második következmény az lesz, hogy a *mise-en-abyme* az időben is megsokszorozza önmagát, mégpedig mindkét irányban. A *mise-en-abyme* prófétikus funkciója azonban önmaga paródiájává válik, amikor az alkotó prefigurációival kapcsolatos műkedvelő kommentár azt szatirikus funkcióval írja fölül. A szatirikus funkció visszaíródása a didaktikus funkció esetében is nyilvánvaló:

B

– Mindez azonban *egy nagyobb szabású kontextusba ágyazódik*; ez csak egyetlen példa, mely egyvalaki útját hivatott szemléltetni a Világ Városában. Nézzék csak, itt az Igazságügyi palotát, a Könyvtárat, a Bank és a börtön épületét. Willie szerint az a négy intézmény a Közösségi Élet szentélyei, és valamennyi létfontosságú szerepet tölt be a város összhangjának a fenntartásában. Ha szemügyre veszik a Börtönt, láthatják, hogy az elítéltek mind boldogan végzik a dolgukat; lám, valamennyinek mosoly ragyog az arcán. Ez azért van így, mert örülnek, hogy megbüntették őket a bűneikért, és most azt tanulják, hogyan keltsék ismét életre a jóság elvét. [...] Ebben a városban a bölcsesség uralkodik; de a küzdelem lankadatlan mindazonáltal, és a lehető legnagyobb mérvű éberség kívántatik meg a város összes polgára részéről – akik, mellesleg szólván, *az egész várost magukban hordozzák.* (Auster 1995, 102-103 – Kiemelés tőlem)

Ebben a passzusban groteszk módon találkozik Szent Ágoston *Isten városa* Foucault *Felügyelet és büntetés*ével; a protestantizmus providencia fogalmának didaktikus utópiája a szatirikus funkcióban disztópiává válik. Az ideológia indoktrinációja *mise-en-abyme*-ként jelöli az egyént, aki a tömegben feloldódva maga is a város címerévé válik. A felsorolt funkciók közül eddig a szöveghelyig egyedül a kognitív funkció nem jelent meg:

C

Stone felpillantott, egy másodpercig mereven nézte az üres térséget, majd elmosolyodott, ahogy a reá váró munka gondolata felett. [...]
– Oda ez a ház kerül, amiben most állunk – felelte végül. [...] Itt [...] elképzelésem szerint ennek a szobának egy külön makettje lesz. Én is benne leszek, természetesen, ami azt jelenti, hogy még egy Világ Városát kell majd alkotnom. Egy egészen parányi második várost, mely arányosan viszonyul majd *a szobához, ahhoz a szobához, amely ennek a szobának a miniatűr mása lesz tehát.*
– Úgy érti, megépíti a makett makettjét is?
– Igen, a makett makettjét is. [...]
– De ha a makettszobába belehelyezi a makett makettjét, akkor elméletileg egy még kisebb makettet is készítenie kell – vetette közbe Nashe. – *A makett makettjének a makettjét. És így tovább, a végtelenségig.* (Auster 1995, 103-104 – Kiemelés tőlem)

Az extenzív progressziót és az intenzív regressziót elválasztó felület játékai a szöveg fejlődése során meghívják a *mise-en-abyme*-ban inherensen, lehetőségként meglévő öt funkciót, melyek permutációi végigterjednek mindkét irányban. Az öt funkció attribútumai a következő narratív elemekben jelennek meg (vö. J. J. White 34).

- *prófétikus jelentés* (attribútumok: prefiguráció, a diakronikus szinkronikus modellekben történő reprezentációja): az „A" idézet kiemelt részeinek üdvtörténete
- *didaktikus jelentés* (attribútumok: a rész egész közti indexikális viszony kimerítése): a „B" szöveg kiemelt részeinek normatív moralizálása
- *szatirikus jelentés* (attribútumok: az ismétlődés túlzásából adódó idézőjelek kettős játéka): „A" szöveg: az alanyi, személyes vonatkozások naiv, angyali bája; „B" szöveg: protestáns vigilancia[35], mosolygó fegyencek; a „C" szövegben tematizált végtelen kicsinyítés abszurditása[36]
- *kognitív jelentés* (attribútumok: önreflexivitás, regresszió *ad infinitum*, az alkotássá-válás-folyamatában-lévő-munka végtelensége): ez a jelentés strukturálisan kódolt mindhárom szöveghelyben
- *a misztikus, mágikus kontrol* (attribútumok: kontamináció, metalepszis, véletlen egybeesések, *unheimlich*): Nashe hübrisze, az „A" szövegben szereplő transzparencia, fehér fény, levitáció, a *mise-en-abyme* terébe való belépés szimbolikus, reflektált, extradiegetikus aktusa

Borges *A Don Quijote apró csodái* című szövegében a *mise-en-abyme* jelenlétéből fakadó lehetséges hatásokat vizsgálva arra a következtetésre jut, hogy a befogadót, amikor a történet egy szereplője maga is befogadóvá válik, valójában az nyűgözi le, hogy ebben a mozzanatban megtapasztalhatja saját fikcionalitását, önmaga történetbe ágyazottságát. Az episztemológiai kérdésföltevések összemosása az ontológiai státuszhoz fűződő megfontolásokkal a *mise-en-abyme*-ban destabilizálja az önkényessége mellett statikus jelölő-jelölt viszonyt. Peirce hármas felosztásában a jelölés folyamata tárgyra (*object*), értelmezőre (*interpretant*) és jelre (*representamen*) bomlik (Peirce 1960, 228). Umberto Eco megállapítása szerint „[a] jeleknek csupán annyiban van direkt kapcsolatuk a dinamikus tárgyakkal, amennyiben azok meghatározzák a jel létrehozását, a jelek azonban ismerni csak a közvetlen tárgyakat »ismerik«, tehát a jelentéseket" (Eco 192). A rendszer fókuszában ezért az értelmezőt találjuk, mert egyedül rajta áll, hogy a tárgyat dinamikus tárgyként („*dynamical object*", valóságos objektum, amely az absztrakció alapja) vagy közvetlenként („*immediate object*", a tudatban leképzett tárgy jelentése) határozza meg, választja ki. Peirce egyik kommentátora, Douglas Greenlee szintén az értelmező kiemelt szerepét

---

[35] A Világ Városának fegyenceit „Calvin" őrzi.
[36] A textuális *mise-en-abyme* a második szinten túl nem tükrözheti önmagát. A Hamlet egérfogó-jelenetén belül elképzelhetetlen egy harmadik dráma beágyazása.

hangsúlyozza: „az értelmező jelenléte a jelölés alapfeltétele" (Greenlee 18 – Saját fordítás).

A *mise-en-abyme*-ban a jelölő mechanizmusok túlhajtottsága, határon léte azt eredményezi, hogy az értelmező stabilként érzékelt pozíciója kimozdul, a visszacsatolt szemiózis gerjesztette hurokban letér saját pályájáról, amely ebben a szubverzív állapotban reflektáltan jelenik meg előtte. A végtelenül sokszorozódó felületek és azonosságok tükrében létrejövő eldönthetetlen ontológiai pozícióban az Én számára a folyamatában kitartott értelmezés biztosítja azt az episztemológiai paradigmát, amely garanciája a rendszerszerűség hiteit levető szubjektum nyelvi létezésére mint „nyelvi *representamen*" (vö. Egyed 42).

A jelölő-jelölt kapcsolatának dekonstrukciójában létrejövő különbözőségek és azonosságok a *mise-en-abyme* szemiózisában lehetővé teszik, hogy a szubjektum helyreállítsa szimbolikus beíródását a Képzetesbe oly módon, hogy újra rendezi a számára hozzáférhető közvetlen tárgyak (*immediate objects*) készletét. A folyamatos regresszió során az Én-t ellentétes irányú reflexiói (saját fikcionalitása) intradiegetikus szintre utalják, de soha nem kerülhet történeten *kívül*, létrejövő pozíciója új történetet előfeltételez. Próza esetében a befogadó olvas egy történetet, de amit *el*olvas/*el*ért, az nem a történetben van, nem azonos a történettel. A jelentésképződés ezen mechanizmusa a jelentéssokszorozódás elbizonytalanító hatását vonja maga után. *A véletlen zenéjé*ben az alaptörténet és beágyazott mű közti azonosságokból és különbözőségekből más és más következtetést von le a két protagonista. Nashe kimerült (kimerített) Don Quijoteként alapvetően a szatirikus funkciót olvassa ki a történetből. Amikor letör két figurát az őt szerepeltető történet regresszióját jelentő makettről, és létrehozza saját intradiegetikus történetét, a transzgresszió aktusa ezt a történetet a profétikus, didaktikus funkciót átkódoló szatírává teszi, Nashe választása a kognitív funkcióval írja felül a misztikus jelentést. Az ő történetében a pókerjátszma elvesztése előrelátható következménye annak, hogy vakon egy vagányra bízta a pénzét, és mindössze eszköz arra, hogy vakvágányra terelje az életét. Packázik, gúnyolódik az elébe táruló mikrokozmosz törvényeivel, hiszen ő már rég kiveszett ebből a történetből. Társa, a szerencse lovagja, aki igazi Don Quijote szeretne lenni, azonban épp ellenkező módon választ. Az ő misztikus, mágikus világában a szimulákrum törvényeinek megszegése hübrisz.

> Olyan, mintha valami bűnt követtél volna el, mintha áthágtál volna valami ősi, vitathatatlan törvényt. Minden remekül megy, tökéletes az összhang. Elérkezünk ahhoz a ponthoz, amikor minden, amit csinálunk, zenébe csap át, és akkor te fellopózol az emeletre, és széttöröd a hangszereket. Megbirizgáltad a világegyetem finom kis rugóit, barátom, és ha egyszer valaki ilyesmire vetemedik, meg kell fizetnie az árát. (Auster 1995, 176)

Ami ezek után a regényben történik, ennek a két ellentétes interpretációnak a játéka, a helyszín pedig az (ellentétes funkciók szerint elkülönülő) értelmezéseket elválasztó *mise-en-abyme* terepének felülete. A bizonytalanság maelstromjében, a számkivetett, hajótörött Nashe, aki a történet során Világ Városát távolságként érzékeli (kognitív jelentésében), egyre mélyebbre süllyed abba a mélységes, feneketlen katlanba, amitől Pozzi óva intette. „Időnként, amikor már nem tudott megálljt parancsolni elszabadult gondolatainak, odáig jutott, hogy azt képzelte, máris a maketten belül él" (Auster 1995, 224).

Nashe ezen a ponton elégeti a bűnjeleket, a szimulákrumból kitépett két szereplő figuráját. Pozzi felől olvasva az aktus bosszú (Pozzit nyers erővel ír(t)ják ki a történetből), míg Nashe kognitív értelmezési keretében a rítus jelentése sokkal inkább a folyamatában kitartott értelmezés megszakítása, a végtelen jelölési lánc felfüggesztése. A regény zárójelenetében Nashe szándékosan nekivezeti kölcsönkapott egykori (identitását jelölő) kocsiját egy szembejövő autónak, és szétszóródik a reflektorok vakító, fehér fényében.

VII. A MAGÁNY FELTALÁLÁSA – AZ APA HIÁNYA II.

Mottó: „[...] aki azonban dolgozni akar, saját atyját szüli meg." Søren Aabye Kierkegaard (Idézi: Auster 1982, 68 – Rácz Péter fordítása)

Drámai közjáték után (*Laurel and Hardy Go to Heaven*) a lírai műnem metaforikus, szintagmatikus jelölési rendje egy emlékirat megírásával Paul Auster életművében átadja helyét a fikció metonimikus, szintaktikus formáinak. Ugyanakkor, amint a korábban tárgyalt, a lírai megszólalás lehetőségére kérdező költemények is első soron ismeretelméleti, lételméleti, poétikai megfigyeléseket hívtak meg, úgy Paul Auster későbbi első regénye (*Üvegváros*) is inkább poétika, mint hagyományos értelemben vett történet. Poétika abban az értelemben, ahogy az egyes regények a történet elmondására tett kísérletekként születnek tematizálva a megismerés lehetetlenségét. A történet lecsupaszításával, elidegenítésével olyan távolság jön létre, amelyben az ismerős idegenként, az idegen ismerősként tűnik fel. Az író itt nem más, mint a történet történetét a legvalóságosabb illúzióként megélő Don Quijote, aki újra és újra nekirugaszkodik szélmalmainak. Pikareszk, gyakran anekdotikus, máskor életrajzi, de semmiképpen sem színes, fordulatokban gazdag „kalandregények" következnek. Auster monomániái, pre- és cotextjei szellemként lengik körül az életművet, nincs alkalmunk Thoreau *Walden*jének kávéillatában (illetve az azutáni vágyban) elmerülni, nem részesülünk a kalózkodó Sir Walter Raleigh kalandjaiban, cserébe viszont újraolvashatjuk Knut Hamsun csontszáraz *Éhség*ét. Auster furcsa, igaz történeteinek rímei, egybecsengései egy önmagában vett, képzetes rendszer asszonáncai, metonímiái, asszociációi. A nyelvi jelrendszer és ezzel együtt a szubjektum kontingenciájának, áttetszőségének, illetőleg átláthatatlanságának mélystruktúrájában új kontextust nyernek az önéletrajzi hivatkozások, a misztikus véletlenek, a naiv rácsodálkozásból táplálkozó, kitartott aha-élmények. A történet elmondása élet-halál kérdése: a *grand narrative* elbeszélhetetlen. Austert azonban nem nyomasztja a posztmodern állapot megkésettsége, láthatóan immár nem is nagyon küszködik hatásiszonnyal (Reznikoffról esszét ír, Jabès-zel interjút készít). A

„White Spaces" prózai-lírai szövegében lemond a képzelet történeteiről a történet lehetőségeinek káprázó világáért cserébe. Auster és Edmund Jabès az utóbbi költészetéről beszélgetnek, de mindaz, ami elhangzik, az előbbi prózájáról is elmondható.

> Auster: Ön valahol azt írta, hogy az írásaiból teljességgel hiányzik a képzelet. Ez az állítás meglehetősen provokatívnak tűnik, ezért is szeretném, ha kifejtené, hogy mire gondolt.
> Jabès: Nem képzelek el én semmit. A szó {*vocable, a hangok/betűk sorrendje*} sodor magával: a szavakra való rákérdezés. (Auster 1985, 22 – Saját fordítás)

Jabès is a lehetőségek poétikáját jelöli meg könyvei témájául, kiindulópontjául.

> Az irodalom számomra igazi kaland [...] Az ember mindig a kezdeteknél tart... valamennyi megírt könyvem bizonyos értelemben egy másik, soha meg nem írandó könyv kezdete. Ezért lehetséges, hogy bár a következő könyv az előző folytatásaként születik meg, ugyanakkor el is törli az eddigi olvasatok egy részét. (21 – Saját fordítás)

A fikció és valóság határán egyensúlyozó első regény megszületését először egy biográfia előzi meg. A lírai hang elnémulásával, *A magány feltalálásá*val (*The Invention of Solitude*) megnyílik a lehetőség az új elbeszélői hang számára. A memoár két kötete (*The Portrait of an Invisible Man, The Book of Memory*) közti hasadékban, űrben az első személy átfordul (a figurális) harmadik személlyé, a megnevezhetetlenség lírai nominalizmusát felváltja az illúzió prózai realizmusa. Az önéletrajz tükör-mozzanat, mely

> alapvetően nem szituáció vagy esemény, amit egy történelemben lokalizálhatnánk, hanem egy nyelvi struktúra manifesztációja a referens szintjén. A tükör-mozzanat, mely minden megértésnek része, felfedi azt a tropologikus struktúrát, ami minden megértésben működik, beleértve az Én megismerését is. Az önéletrajz érdekessége ily módon nem abban áll, hogy megbízható ön-ismeretet tár elő – nem ezt teszi –, hanem hogy meghökkentő módon mutatja meg a tropologikus helyettesítésekből álló textuális rendszerek lezárásának és totalizálásának (vagyis létrejöttének) lehetetlenségét. (de Man 96)

Emlékiratában Auster prefiguratív módon felvonultatja a későbbi regények papír-austereit; ez az írás tekinthető az életmű *mise-en-abyme*-jának, annak az örvénylő, öntükröző szöveghelynek, melyet a kritikai közmegegyezés az Auster-szöveg ősszövegként jelöl meg. Egy váratlan esemény (a szerző édesapjának halála), illetve az erre való reakcióként írt ön/arckép, ön/életrajz megnyit egy *fissure*-t, sebhelyet: a *történet* szükségességének fehér terét. A tiszta hiány (mégpedig az apa, az au(k)toritás hiánya) elnémítja a nyelvet, ugyanakkor égető kényszerré is teszi az értelmezést. Ha a biográfia műfaja azért terhelhető posztstrukturalista teorémákkal, mert inherensen azt konfabulálja – hazudja? – magáról, hogy „én igaz történet vagyok", akkor az önéletrajz metafizikai kapacitását abból az állításából meríti, hogy a nyelv hazudik (tehát ez utóbbi állítás sem igaz). Az önarcképként szolgáló önéletrajz Michel Beaujour szerint „arra törekszik, hogy létrehozza az antropológia és a tanatográfia metszetét; hogy biztosítsa a kereszthivatkozások, anaforák, átfedések rendszerének koherenciáját, mégpedig azáltal, hogy a szintagmatikus narrációval szemben diszkontinuus, anakronisztikus mellérendelésekre épített montázst hoz létre" (Beajour 3 – Saját fordítás).

A magány feltalálása montázzsá szaggatott családregény, és mindenekelőtt poétika. Egy krimibe oltott portré (*The Portrait of an Invisible Man – Egy láthatatlan ember portréja*) és egy meditatív esszé (*The Book of Memory – Az emlékezet könyve*) önkínzó, véletlen találkozása a boncasztalon. A montázs eltolásaiból, áthelyezéseiből, kapcsolódásaiból kirajzolódó „cselekmény" pedig a történet története, a referencialitás genealógiája.

A magány feltalálása az apa halálával kezdődik[37], s még annál is korábban, az élő apával, aki idegen maradt a fiú számára, aki így idegen maradt saját maga számára is. A könyv egy fényképpel kezdődik, a borítón szereplő trükk-fotóval, amin Samuel Auster egymást kerülő tekintetű replikái körbeülnek egy asztalt. A történet még korábban kezdődik a belső címoldal második családi fényképével, amiből erőszakkal kitépték Samuel apjának, Paul nagyapjának képmását felesége és gyermekei köréből. *Prosopopeia* és *mise-en-abyme*, montázs és cenzúra egyidejűsége feslik fel az önmagát leleplező *fissure* kommentárjában. (A manipuláció szükségszerű önfeltárása, hogy a nagyapa ujjhegyei ott maradnak egy széktámlán.)

Komplex értelmezői helyzetet teremt, ha egy szövegben jelenik meg a kép, de ha ráadásul e kép automatikus referencialitása a semmire, a totális hiányra vonatkozik (a nagyapa hiányára), ebben az esetben a referencialitás feltételessége a végletekig hatványozódik. Ez a beállított, majd megcsonkított felvétel ön/életrajzba ágyazott, referencialitásától megfosztott, az apa hiányát jelölő, manipulált-manipulatív trükk-fotó. A mechanizmus, ami a trükk torzításában lejátszódik, hasonlítható ahhoz, amit Žižek mester-jelölőnek nevez, és a reprezentáció hiányának reprezentációjaként határoz meg.

---

[37] A történet mindig korábban kezdődik. „Az előtűnés eltűnése kísértetként jelenik meg, mert nem a vég bekövetkeztét jelenti, a halasztódó vég álcája mögött sokkal inkább az a felismerés történik, ismétlődik meg újra és újra, hogy a kezdet kijelölhetetlen, hogy az erre irányuló valamennyi erőfeszítés eleve lehetetlen és kudarcra ítéltetett." (Blanchot 2005, 47) Vö. Dionüszosz születésével.

[A] kép a freudi *Vorstellungrepräsentanz* mintája szerint működik: a reprezentáló, valamely reprezentálás helyettesítője, jelölő elem tölti ki a hiányzó jelölt [...] miatt üresen maradt helyet. A reprezentáció mezeje a valóban lefestett térrész, ám a probléma abban áll, hogy [...] [v]alaminek ki kell maradnia a képből, [...] és a cím foglalja el ezen űr, ezen hiányzó, „eredendően elnyomott" reprezentáció helyét. [...] Ha a „szubjektum" szót a „tartalom" értelmében vesszük, akkor azt mondhatjuk, hogy pontosan a *szubjektum/objektum különbséggel* állunk szemben. [...] A jelölő nem egyszerűen a jelölt, a mentális reprezentáció-idea egyszerű saussure-i anyagi reprezentációja, hanem egy eredetileg hiányzó reprezentáció *hiányának reprezentációja.* (Žižek 201)

A borító trükk-fotójának címe tehát: „Samuel Auster", a belső, kasztrált fotóé: „Harry Auster" avagy „Ez a mi életünk: Austerék" (Auster 1982, 68 – Saját fordítás), ami a később felbukkanó *üres* családi mosolyalbum címe is. Az önéletrajz, mint a *prosopopeia* üres, fehér tere sajátosan írja felül Paul de Man arcrongálásról írt mondatait:

Mihelyst egy hang vagy egy arc nyelvi tételezését értjük a *prosopopeia* retorikai funkcióján, megértjük azt is, hogy nem az élettől vagyunk megfosztva, hanem egy olyan világ alakjától és értelmétől, mely kizárólag a megfosztás útján történő megértés révén hozzáférhető. A halál egy nyelvi szorongatottság áthelyeződött neve, a mulandóságot helyrehozni igyekvő önéletrajz (a hang és a név prosopopeiája) pedig épp annyira megfoszt és alaktalanná tesz, mint amennyire helyreállít. (de Man 105)

7.1 Egy láthatatlan ember portréja

Samuel, az apa halott. A fiú számára az archeológiai feltáráson kívül, az archívum történetének elmondásán kívül nincs más lehetőség, hogy az apa szellemét megidézze. Az apa hiányától jelölt fiú a történet gyermeke. A hiány kitöltésének kényszere számára élet és halál kérdése, a regény mint az apa keresésének szimbolikus aktusa itt reflektáltan, metanarratívaként is jelen van (vö. a mottóval). Az apa azonban életében is szellemként létezett, automataként az elhagyott, hatalmas és üres házban, melyet egykoron a családjával lakott. A tér folyamatos pusztulása, halasztódó apokalipszise elnyeli és befogadja Samuelt, s mikor eljön a pillanat, mikor készen áll, hogy elhagyja ezt az egyszemélyes panoptikumot, holtan esik össze. A dolog kegyetlen iróniája, hogy a fiút, Pault, a nincstelen írót a váratlan örökség megmenti mindattól, amit Daniel Quinnek, Knut Hamsunnak vagy Charles Reznikoffnak kellett megélnie. A fiú örök adóssá válik: de hát mindig is az volt, az apa hiánya tette azzá. A történet elmondhatóvá, elmondandóvá válik, a hiány lemásolja, megsokszorozza önmagát, és ezzel újabb generikus szinteket hoz létre. Előkerül a második kép is. Paul az archívum maradványait rendezgetve egy halom szortírozatlan fotóra bukkan.

Egy táskányi ömlesztett képből: egy trükk-fotó, amit valamikor a negyvenes években készítettek egy Atlantic City stúdióban. Apa másolatai körbeülnek egy asztalt, de mert a felvételeket különböző szögekből exponálták, így elsőre úgy tűnik, hogy több különböző emberről van szó. Az alakokat körülölelő homály, a testtartás merevsége azt a benyomást kelti, mintha egy szeánszhoz gyűltek volna össze. Tüzetesebb vizsgálat után kiderül, hogy ugyanarról az emberről van szó. A szeánsz valódi szeánsszá válik, mintha ez a férfi csak azért jött volna, hogy megidézze magát, hogy visszahozza önmagát halottaiból; mintha azzal, hogy megsokszorozódott, önkéntelenül is saját eltűnését idézte volna elő. Öt is van belőle, ám a trükk-fotó természetéből adódóan a különböző személyek nem nézhetnek egymás szemébe. Mindegyik arra van kárhoztatva, hogy a semmibe bámuljon a többi tekintet kereszttüzében, de nem lát, nem láthat semmit. A halál képe ez, egy láthatatlan ember portréja. (Auster 1982, 31 – Saját fordítás)

A fénykép referencialitása tehát csak tovább bonyolítja a helyzetet. A szingularitás hajótöröttjeként Samuel saját kópiáinak szimulákrumában tűnik el. A portré műfajának esztétikuma a köré a pont köré koncentrálódik, ahol az Én imperszonifikációs erőfeszítései felfüggesztődnek. A képmás az értelmezési játékteret épp az által a mozgás által hozza létre, amelyben az önnön megképzésére képtelen Én torzítja, szubvertálja, módosítja, és egyben gazdagítja saját reprezentációját. Ebből a képből azonban hiányzik az illúzió, mely képes lenne játéktérbe vonni a figyelő tekintetet. „Az emlékezet jelenlétének megidézése hasonlatos egy szeánszhoz. Tényleg ő lenne az, vagy csak egy szánalmas utánzat? A képzelet elvégzi a helyreállítás munkáját, ha megcsaljuk, de szánt szándékkal nem vehetjük rá ilyesmire" (Morris 61 – Saját fordítás). A szeánsz tematizált illúziója a portré tárgyán belül, nem pedig az illúzióba bevont szemlélő és a megfigyelt között játszódik le. A képzőművészetben több párhuzam is található a magány ilyen képmásaira. E kép rímfelelőjeként Maurice Guibert-nek a saját önarcképét festő Henri de Toulouse-Lautrecről készült trükk-fotója hozható, ahol a megkettőzött Lautrec oly módon áll festő alteregója számára modellt, hogy tekintetük enigmatikus mosolya elsiklik egymás mellett. Marcel Duchamp 1917-es képéről pedig ezt olvashatjuk: „Duchamp mintha magát nézné, de nem a saját magát figyelő önmagát" (Adams 1998, 16 – Saját fordítás). A portréban a reflexivitás fölfüggesztésével éppen a reflexivitás mutatja meg önmagát a szubjektum és az objektum viszonyában. Az önarckép ennél is tovább megy, az önreflexivitás magányában magát az önreflexiót képes tematizálni. Esetünkben a trükk-fotó szimulákruma a reflexivitás elkerülésére tett erőfeszítést rögzíti, zárt láncot, bezárt teret hozva létre, melyben a magány csupán dermedt, rideg űr: átjárás sem az Én-ek variációi, sem a befogadó és a kép között nem lehetséges. A kép frontális támadása az emlékezet ellen, az önreflexió törlődése a másolatokban géppé, automatává redukálja az apát, Samuelt.

Az apa életét is az Én-ek szimulákrumaiban élte. A mindig elfüggönyözött, bezárt szoba mélyéről hasbeszélőként irányította énje bábjait. „A függöny mögötti világ magányos sötétjéből báboskét irányította madzagon lógó alakmásait" (Auster 1982, 16 – Saját fordítás). A halála hírére egyre-másra jelennek meg a magukat özvegynek tekintő asszonyok, akik természetesen mit sem tudnak a többiek létéről. Megérkeznek tehát a nők, akik az egymást kizáró és kioltó, párhuzamos életutak lehetséges igazságát tanúsítják. „A felszínen olyan kíméletlenül semleges volt, annyira kiszámítható, hogy bármit is tett, meglepetést okozott" (20 – Saját fordítás). Miként készíthető portré egy emberről, aki nincs is jelen, aki megmaradt turistának a saját életében? „Nem a tér egy darabját kitöltő embernek látszott, hanem inkább áthatolhatatlan térrésznek, ami egy ember alakját öltötte magára" (7 – Saját fordítás).

Az apa mint űr, mint alteregóinak bábjátékosa és mint a fiú/a bábu hasbeszélő mestere mindenekelőtt fertőző hiány. Az E/1-től az E/3-ig és ezzel párhuzamosan az életrajztól az önéletrajz felé vezető ellenirányú úton Paul, a könyv szereplője beszámol arról a tapasztalatáról, hogy maga is eltűnni látszik. „[G]yakorta vesztette el koncentrációját, elfelejtette, hol is van, mintha elvesztette volna saját folytonosságának érzetét" (29 – Saját fordítás). Az írás egyre nehezebb feladattá válik, többé már nem a gyász aktusa. „A fényképek leggyakrabban aláássák azt a folytonosságot, amit az emlékezet sző a tapasztalat szálaiból. Az emlékezet begyógyítja az idő sebeit. A fénykép dokumentálja e sebeket" (Ignatieff 7 – Saját fordítás). Timothy Dow Adams a portré, önarckép, sírfelirat, emlékirat műfajainak keveredésével kapcsolatban ezt írja A magány feltalálásáról: „Azáltal, hogy egyszerre temeti el és támasztja fel apját a közös és különálló életük árnyoldalainak megírásával, azáltal, hogy összeölti a sebeket, de látni engedi a varratokat, Paul Auster egyszerre menti meg önmagát a magány családi vonásától, és menti meg apját és fiát is" (Adams 19 – Saját fordítás).

Az írás tétje tehát a montázs (egyben műfaji montázs) varratainak (suture), hegeinek belesimítása a felszabdalt felszínbe. Az elvégzendő munka az apa megmentéséért folyik. „Ezek a szavak, ahelyett, hogy eltemették volna az apámat, életben tartották, sokkal inkább, mint bármikor korábban [...] , miközben ő a föld alatt feküdt a koporsóban, érintetlen testtel, és a körme, haja egyre csak nőtt" (Auster 1982, 32-33 – Saját fordítás). A könyv utolsó lapjain Auster a mottóban szereplő Kierkegaard-mondatot idézi (68).

A hiány ragályos. A fényképek közt lapozva Paul talál édesapjáról fiatalkori fotókat is. Samuel is fiú tehát, puer aeternus, amint Paul is apa, Daniel apja. Paul ráakad egy furcsa, félben megragasztott képre.

Nagyapjáról soha nem látott fényképet, soha nem hallotta, hogy a családban bárki is felemlegette volna a nevét. Paul észreveszi, hogy a képet manipulálták, egy darabját kitépték. A hagyományos családi portré közepéről hiányzik a kiemelt helyen ülő nagyapa alakja. „Csak az ujjhegyei maradtak meg: mintha megpróbálna visszakapaszkodni a képbe az idő feneketlen mélységeiből, mintha csak egy másik dimenzióba száműzték volna" (34 – Saját fordítás). A trükk-felvételnek, miként a manipuláltnak is – amint arra Barthes figyelmeztet – van egy módszertani aspektusa is. „A trükk-hatások metodológiai érdekességét az adja, hogy figyelmeztetés nélkül avatkoznak bele a denotáció mezejének működésébe; visszaélnek a fénykép különös hitelességével, a denotáció kivételes erejével, azzal a céllal, hogy önmagukat mint pusztán denotált üzenetet közvetítsék, holott valójában sokszorosan konnotáltak" (Barthes 1977, 22 –Saját fordítás).

Mi tehát a kontextus? Egy rokon, aki *teljes véletlenségből* tudomást szerez a hatvan év előtti eseményekről, levélben tudósítja Pault, mi is történt Samuel apjával kereken hat évtizeddel korábban. Amit olvasunk, arról túlzás nélkül állítható, hogy dokumentatív (a referencialitás problémájára jelölt) detektívregény. Paul nagyanyja egy vadászpuskával agyonlőtte férjét, Samuel apját, Paul nagyapját: Harryt. Az asszonyon az áldozat bátyja megkísérel bosszút állni, de kudarcot vall, és végül letesz szándékáról. A bíróság a kiskorú gyermekekre, valamint az enyhítő körülményekre tekintettel felmenti az özvegyet, aki messzire költözik, új életet kezd, és vaskezű matriarchaként (értelmezésünkben hasbeszélőként, bábmesterként) neveli fel Samuelt és három fivérét. A gyerekek véd- és dacszövetségben, minden ellentétüket félretolva az anya identitásának automatáiként, bábként szolgálják a (hatalmas[38]) családfőt. Történetük elbeszélhetetlenné, kimondhatatlanná válik, pusztán hiányában van jelen.

Mik tehát *A magány feltalálása* a diakronikust a szinkronikussal keverő intertextuális szövegterében a fotó leplezett konnotációi? A két kép (Samuel szimulákrumszerű eltűnése, a nagyapa alakjának erőszakos eltávolítása) egymást fertőzi/jelöli hiánnyal. A referencialitás genealógiai lánca lassan olyan füzérré kapcsolódik, melynek minden egyes láncszeme maga is kapcsolatban áll az összes többivel. Utalásképpen a nagyapa *fissure*-be kapaszkodó ujjhegyeire, a második kötet harmadik személyű Pauljáról ezt olvashatjuk: „mintha csak a saját eltűnését kellett volna végig néznie, mintha azzal, hogy átlépte ennek a szobának a küszöbét, egy másik dimenzióba jutott volna, és beköltözött volna egy fekete lyuk belsejébe" (Auster 1982, 77 – Saját fordítás). A fénykép terében ugyanez a nyelvi pillanat a Barthes-i *punctum*, vagyis a traumatikus seb, a sötét, bezárt szoba, a halál, amely

---

[38] A hatalom ellenében/mellett fellépő erőszak akár a *Leviatánban*, vagy a *Holdpalotában*, ebben a történetben is mint a nyelven kívüli pillanat semmis üressége jelenik meg. Auster ugyanígy jellemzi az őrület automatizmusát is.

megszólaltatja az életet, amely lehetővé teszi és kikényszeríti a történet elmondását. Barthes szerint a *punctum* „olyan elem, mely kiemelkedik a jelenetből, nyílként lövell ki, és belém szúr: sebet, vágást ejt rajtam, rést és lyukat üt belém" (Barthes 1991, 26-27 – Saját fordítás). A nagyapa kiszakított alakja hagyta űrben a négygenerációs családregényt felépítő leszármazási jelölők eredet nélküli lebegő jelölőkké válnak. A fiú elindul a végtelen sötétség mélyére, hogy megmentse az apát, hogy maga is apává válhasson, és ezzel megmentse a fiút és saját fiát is. Ez a küzdelem nem válhat a gyász rítusává, mivel a gyászt az írás felfüggeszti, elhalasztja. Az emlékezet munkája történetben, nyelvben, életben tartja az apa egymásnak ellentmondó lehetséges alakmásait, és ez az örvény magát az elbeszélőt is eltűnéssel fenyegeti [vö. „mintha csak a saját eltűnését kellett volna végig néznie" (77).]

Az elbeszélő Paulnak, a magány és az aszkézis Don Quijotéjének hatásiszonya[39] van a család történetében rímekbe szedett magánytól és szellemeinek beszédétől, a *prosopopeiá*tól. Paul de Man rendszerében ez a retorikai alakzat „arcot ad az arctalannak", „hangot a hangtalannak". A *prosopopeia* „egy hiányzó, holt, vagy hang nélküli létező fiktív megszólítása, mely a megszólítottat a beszéd képességével ruházza fel, s megteremti számára a válaszadás lehetőségét" (de Man 101). Nemcsak az Én hiánya, de az Én-változatok, az alteregók szimulákrumai is végigfertőzik a családot. A nagyapa, Harry hiánya, halálának története ventriloquistává, néma bábfiguráját, automatáját beszéltető illuzionistává, változtatja Samuelt. A fejezet Paul de Man azon gondolatával indult, hogy a *prosopopeia* retorikai funkcióján belül az arc nyelvi tételezése nem az élettől foszt meg, hanem attól a világtól, mely kizárólag a megfosztás útján történő megértés révén hozzáférhető. „Az apja frissen felfedezett fotóit önéletrajzi forrásaként felhasználó Auster a képeket nem a múlt emlékezeteként, hanem a jelen bizonyítékaként látja [...], a fotográfiákat nem az emlékezet megerősítésére, hanem az emlékezet feltalálására használja" (ibid.).

Mielőtt megszületne a *The Book of Memory* (*Az emlékezet könyve*) harmadik személyű elbeszélője, hogy apát és fiát kimenekítse a leviatán gyomrának mélyéről, *A magány feltalálása* a bölcsőjében szunnyadó, egyelőre nyelven és történeten kívül lévő Daniel békés álmával zár. „Egy kép Danielről most, mikor fent az emeleten a bölcsőjében alszik. Ezzel fejezni be. Eltűnődni azon, hogy vajon mit mondanak neki ezek az oldalak, ha már elég idős lesz, hogy elolvassa" (Auster 1982, 69 – Saját fordítás).

---

[39] Itt a bloomi ősi megkésettség élményét a prosopopeia alakzatával kapcsolatban használom. A hatásiszony ez esetben a néma bábú ödipális viszonya az őt gúzsba kötő hasbeszélővel. „Hogy sikeres leszek, vagy elbukom, nem számított neki. Nem a tetteim határoztak meg, hanem az, ami voltam, ami azt jelentette, hogy a szemében sohasem változhatott meg, hogy milyennek lát. Kapcsolatunk mozdíthatatlan volt, lecövekelt, egymástól elszakítva álltunk a fal két oldalán" (Auster 1982, 18 – Saját fordítás).

7.2 AZ EMLÉKEZET KÖNYVE

Mottó: „Hagyomány, keret és nyelv nélkül a
Valós pusztán aktuálissá silányul – káosszá
vagy csenddé válik." Carl D. Malmgren
(Malmgren 1995, 198 – Saját fordítás)

Paul, a hasbeszélő bábu *Az emlékezet könyvé*ben egyes szám első személyű
elbeszélőből harmadik személyű, fokalizált szereplővé távolodik. *A magány
feltalálása* a fiú pozíciójából nyit lehetőséget az apa történetének
elmondására, míg *Az emlékezet könyve* az apa perspektívájából teremti meg a
fiú történetének esélyeit. Ez az identifikációs távolság teszi lehetővé, hogy a
fiú a létezés méhében, a Leviatán gyomrában bejárja az emlékezés szobáit.
A szöveg kiemelt, (a könyv mottójában[40] is idézett) társzövege a történet
világában élő fiú, Daniel kedvenc meséje, a Pinokkió. Pinokkió itt a
ventriloquista bábuja, az író tolla, az apát megmentő fiú mitikus jelölője. Az
elbeszélő a Könyvet (itt: az emlékezet könyvét) fordító, kommentáló
Jeromos aszketikus, meditatív pozícióját veszi fel. [A könyv központi
midrását Auster Szent Jeromostól idézi. Vö. „Vegyük észre, hogy ahol
pusztulását várnánk, Jónás épp ott lel menedékre" (Auster 1982, 100 – Saját
fordítás).] A szöveg metonimikus, szinekdochikus terét létrehozó kérdés
nem arra irányul, hogy miért megragadhatatlan, vagy épp hiánnyal fertőzött
a szubjektum, hanem afelől közelít, hogy egyáltalán miként lehetséges a
szubjektum káprázata. Míg a Pinokkió-történet a hatásiszony feloldására tett
mitikus kísérlet co-textje, addig az azonosság szétszálazása Thoreau
*Walden*jét használja elő-szövegként.

Az önazonosság destrukciójára tett kísérlet arra irányul, hogy felfedje
„másokkal való kapcsolataink végtelen terjedelmét" (Thoreau 171 – Saját
fordítás). A harmadik személy azért is létfontosságú a narráció számára,
mert az Én megosztottságát, radikális diszkontinuitását, diszjunktivitását és
az ezekkel járó kettősség bizonytalanságát, eldönthetetlenségét képes a
fragmentált történetekben elbeszélni. A nyelvi távolság előfeltétele annak,
hogy megragadhatóvá váljék a létezés skizofréniája. „Általában nem ott
vagyunk, ahol, inkább valamilyen téves helyzetet foglalunk el. Természetünk
esendőségénél fogva feltételezünk egy szituációt, belehelyezkedünk, és ezzel

---

[40] „Ha a halottak sírnak, akkor kezdenek magukhoz térni." És a folytatás: „– Nem szívesen
mondok ellent neves kollégámnak és barátomnak - mondta a bagoly -, de ami engem illet, én
úgy látom, hogy a holtak azért sírnak, mert nem akarnak meghalni" (Auster 1982, 73 – Saját
fordítás).

már két helyen is vagyunk egyszerre, amiből kétszeresen nehéz a szabadulás" (168 – Saját fordítás). Az ismeretelméleti hit ezen paradoxikus állapotát tematizálja *Az emlékezet könyve*, amely Rimbaud-val állítja: „Je est un autre" (Idézi: Auster 1982, 125). A bezárt szoba magányában az önazonosság mikéntjének, miértjének felfedezésére induló harmadik személyű, törlésjel alá helyezett Én bejárja az emlékezet szobáit. A megidézett hangok szinkronicitásában, az emlékezet topografikus, mnemotechnikai terében minden kétszer/másodszor történik meg. A rímhívók és rímfelelők közti kapcsolódás interpretatív mozgásában felvillan a szubjektum lehetősége, az egysíkú, homogén teret csillagpontokkal, vonatkozási bójákkal szórva teli. Ismert az a rejtvénytípus, ahol a megszámozott és látszólag értelmetlenül szétszórt pontok halmazát a megfejtőnek a kódok (számok) alapján kell összekötnie, így juthat el az „értelmezésig", a részletekből összeálló teljes képig. A *The Book of Memory* narratív terében a pontok, bóják nem adottak, a diegetikus szinten elszórt szinkronikus rímlehetőségként vannak csupán jelen. Az egyes olvasatok nem pusztán ezek létrehozásáért felelősek, de a „portrét" összekötő hermeneutikus kódok (Barthes 1997, 33) (példánkban számok) kialakításáért is. Az elbeszélő arcmása nem hozható létre anélkül, hogy az olvasó be ne járná az egymásból nyíló szobákat, hogy tökéletesen el ne veszne a kapcsolódási lehetőségek labirintusában, miközben mozgásával ki ne rajzolná saját képmását is. Amint a szubjektum hagymahéjai lassanként egymásra rakódnak – s az elbeszélői tudat párhuzamos dialógust folytat Mallarméval, Anatole France-szal, Anne Frankkal, Thoreau-val –, úgy formálódik a beleértett olvasó kódrendszere, miközben viszont alakít ki a felsoroltakkal párbeszédet folytató narrátor alalkuló pozícióival (elbeszélő, beleértett szerző, referenciális szerző, a narrátor mint apa, a narrátor mint fiú, a narrátor mint a fenti perszónák fluxusa). Ugyanez a mozgás az apa-fiú viszonyra kivetítve a regényben a következőképpen fogalmazódik meg.

> A. előtt néha úgy tűnt fel, hogy fiának játékos szellemi kóborlásai tükrözik azt az útvonalat, amin saját maga is előrehalad könyvének labirintusában. Még az is eszébe jutott, hogy ha valami módon feltérképezhetné fia játszódását (teljes leírást készítene minden gesztusról, képzettársításról), majd hasonló diagramot készítene könyvéről is (felvázolva, hogy mi történik a szavak közti szakadékokban, a szintaxis hasadékaiban, a bekezdések közti üres sorokban – más szóval kibogozná a kapcsolatok csomóit), akkor a két diagramról egyszeriben kiderülne, hogy egy és ugyanaz: hogy pontosan fedik egymást. (Auster 1982, 165 – Saját fordítás)

Az egyes szobákat, szubjektum-lehetőségeket nem köti tehát össze hagyományos értelemben vett történet, a szöveg ellenáll az elbeszélés archetipikus és romantikus visszatérési törekvésének. Tulajdonképpen ez a poétika teremti majd meg az Auster-hősök alapvetően két különböző kategóriába sorolható típusát. Az első karaktertípus olyan történetek terhét cipeli a vállain, melyekben a szubjektum éheztetése, a redukció Zénón-paradoxona végül eltünteti a hőst (ilyen Daniel Quinn, Blue, Anna Bloom...). A második típusú protagonista M.S. Fogg (*Holdpalota*) és Meet Walt (*Mr. Vertigo*) figuráival példázható. Ez utóbbiak a jelölés káprázatának terében levitálva visszaírják magukat a cselekmény mitikus/mágikus realista aspektusába.

7.2.1 Az emlékezet szobái

Mottó: „Az egész része, egész messze." Derek Rubin (Rubin 67 – Saját fordítás)

Visszatérve a kiinduló gondolatmenethez, eljutunk a hiánytól fertőzött, tehát harmadik személyű elbeszélőhöz (Paul A.-vá válik). A hiány referencialitásának genealogikus lánca a magány feltalálásának fejezetében apaként is, fiúként is meghatározza A.-t, aki a *prosopopeia* alakzatának mindkét oldalát elfoglalva egyszerre a hasbeszélő bábuja, Pinokkió, toll, automata, szellem és hiány, és ugyanakkor mások történeteinek animátora, hangadója, de mindenekelőtt Daniel bábosa. Az ödipális lánc ugyanis az apa halálával (s azt megelőzően hiányával) megfordult. A hatásiszonyt ebben a történetben a hiány és a fertőző magány fejezi ki. Pinokkió-A. alámerülése az alvilágba, szimbolikus halála egyrészt helyettesítő áldozat (az apa hiányának elpusztítása), másrészt önfeláldozás, ami lehetővé teszi a fiú történetének (és egyáltalán: magának a történetnek) az elmondását. Ilyen értelemben a *The Book of Memory* a fiúhoz írt *parainesis* is, mindamellett, hogy az apa emlékére írt sírfelirat, memoár, portré és egyben önarckép. A referencialitás leszármazási láncában minden lebegő jelölő egyszerre fiú és apa, s a történet, amit a lánc megszakadása létrehozott, épp erről a kettősségről beszél.

A metonimikus jelentésszóródás, a szinkronitás két szálon terjed. Először is a genealogikus, leszármazási vonalon. Az apa halálával a fiú saját apjává és egyben fiává válik. A prefigurációk figurációkká válnak, a jelen iránti nosztalgia egyidejű jelölési rendszere itt a leszármazási hierarchiát írja felül. A másik szál poétikai: a megidézett, az emlékezet tereit elfoglaló történetek közti disszemináció. Ám ezeket a szinekdochikus, *pars pro toto* kapcsolódásokat is áthatja a genealógiai aspektus. Apák és fiúk, szülők és gyermekeik történetei fonódnak szétválaszthatatlanul egymásba. Rembrandt és Titus, Sir Walter Raleigh és Walt, Mallarmé és Anatole, Cvetajeva és Mur párosai a fiú elvesztését beszélik el. Danielnek tüdőgyulladása van, élete veszélyben, az ő megmentéséért hangzanak el az *Ezeregyéjszaka* halált elodázó meséi. A kisfiú első betanult szavai és szaggatott, gépies köhögése arra utalnak, hogy ő a *prosopopeia* néma bábja; az egymásra utaló, egymást magyarázó szövegek hálójából összeálló történet az ő története lesz. Akár a megidézett Seherezádé-mesében, ahol a három öregember története megteremti azt a távolságot, azt a kettősséget, ami látni engedi a kereskedő történetét, így menti meg annak életét. „A három öreg történeteiben két szembe fordított, egymás fényét visszaverő tükör áll. Mindkettő bűvölet, a valós és az elképzelt is, és egyik sem létezhet a másik nélkül. És mindez valóban élet és halál kérdése" (Auster 1982, 153 – Saját fordítás). A reprezentáció, a referencialitás és fikcionalitás egymásnak feltett kérdései nyitottak maradnak.

Felmerülhet az a kritika, hogy mindez tekinthető kikacsintásnak a posztmodern felé (a metafizikus letapadtságot palástolandó), de akár közönyös szolipszizmusnak is. Amint Edmund Jabès regényét, a *Kérdések könyvét* (Jabès 1992) is az egymásra rímelő kérdések hajtják előre, úgy a hangsúly ebben a szövegben is a kérdésfeltevésre, illetve az általa előfeltételezett perspektívára, annak vizsgálatára helyeződik. A Henrytől Danielig ívelő családregény halasztódó helyreállításában megvan a kérdések kohéziós szerepe, de a megválaszolásukra tett kísérletek sorra elbuknak. Ez a kudarc a regény ideje és folyamata. A szöveg ilyen értelemben válik (kimerevített) tudatregénnyé, ami meditációs objektumként kezelt tényekre épül, és amiben e tények fiktívebbek (hisz egymást jelölik) már nem is lehetnének. Ennek a poétikának egyik allúziója Balzac *Az ismeretlen remekmű* című novellája (Balzac 1988). Balzacnál is van egy világos színfolt az egymást felülíró rétegek feketeségében, ahol Frenhofer a szépség tökélyét látja. „Itt, azt hiszem, egészen csodálatos. És ecsetje végével egy világos színfoltra mutatott. [...] De én látom! – kiáltotta. – Látom, hogy milyen csodálatosan szép..." (Balzac 1988, 407-408). A remekmű terének végtelenszer való bejárása a palimpszeszt feketeségét eredményezi, ami már nem különbözik a vászon fehérségétől. Ez a paradoxon az alkotó és befogadó pozíciójára és funkciójára helyezi a hangsúlyt. Az olvasó és író feladata hasonló S.-nek, Auster helyettesítő apjának reménytelenül eredménytelen alkotói munkájához. A soha el nem készülő, be nem fejezhető *opus magnum* valójában egy pillanatra sem volt cél, sokkal inkább állapot. Az alkotássá-válás-folyamatában-lévő-munka Don Quijote-i kilátástalanságában, annak szabadságában „S. megtalálta a módját, hogy [...] néhány arasznyival közelebb jusson a végtelen szívéhez" (91– Saját fordítás).

A családregény narratív kudarcáért a történet hipertextuális térszerkezete a felelős. Auster Wallace Stevenst idézi: „A rendhagyó valóság jelenlétében a tudatosság veszi át a képzelőerő szerepét" (130 – Saját fordítás). A tudat, az emlékezet tükörszobáinak hálószerű labirintusában a figyelem a fényre és a sötétségre koncentrál, nem a színekre. Mivel nem tudatfolyamról, a fluxus változásairól van szó, a narráció bonyolult kódrendszerének éppen az a feladata, hogy a kapcsolódások lehetőségeinek statikusságát, szinkronitását visszaadja. A leszármazási hierarchia feloldódik a skálafüggetlen (vö. Barabási 2003)[41], a háló bármely pontjával összefüggésbe hozható pontok halmazának egyneműségében. A regény egyik hermeneutikus kódja szerint a koponya bezárt barlangjának termeit egy középkori mnemotechnikai térkép pokolábrázolásához vagy városrajzához hasonlóan kell elképzelni.

Az emlékezet történetei és a leszármazási viszonyok külön-külön, de egymással kapcsolatban is hipertextuális hálót alkotnak. A szöveg alapegységei a lexiákként kezelt bekezdések, a narratíva jelölők szintjén lineáris, míg a jelöltek szintjén non-lineáris. A középső szoba maga a központi üres tér, a két szó közti szakadék, a Valós szubjektuma, a történetekkel, Én-ekkel viszonyban létrejövő képzetes jelentés. A síkbeli ábrázolás négy főirányt enged meg. Mivel az emlékek a szöveg linearitásában szétszórtan következnek, a négy szoba, a négy archívum helyszínhez és személyhez kötve határozható meg. Sorrendiségről nem beszélhetünk egy hipertextuális rendszer esetében, ezért az egyes könyvtárakat betűkkel jelölöm. (A) Jónás, Ninive/bálna; (B) Anne Frank, Amszterdam; (C) P. A., New York (New Amsterdam); (D) S., Párizs.

Ezek a csomópontok ágaznak el aztán a hipertext alapegységeihez, textonjaihoz (Landow 60): epizódokhoz, gondolatokhoz, melyeket „a többi szövegegységgel való viszonya határoz meg" (ibid. – Saját fordítás). A szöveg Leibnizet idézi, aki szerint, a nyelv bármely részébe belépve a nyelv teljességét értük el (vö. Auster 1982, 160). Ezek a textonok egymással eltérő hierarchikus szinten és interpretációs mezőben függnek össze. Az olvasás gyakolatában a szöveg linearitása miatt végigkövetjük azokat a nyomokat, amelyeket az író mint „screener" (Rosello 121) hagyott. A „screener" terminusa az olvasás és írás aktusának dichotómiáját kívánja felülírni, mindkettőt az egységek és azok kapcsolatainak kiválasztásában határozva meg. Ez a gyakorlat topografikus szintje. Akár a New York trilógia Stillmanjét követő Quinn, az olvasó úgy követi az író lépéseit. A véletlenszerűség kirajzolódó poétikájában („poetic of randomness") az olvasó mint tükör „screener" (151) és az író mint teoretikus szűrő (150) közti különbség értelmezhetetlenné válik. Mivel a „screener" vándorol az egyes témák, motívumok közt, a térkép pontjai, a textonok közi tér homogén területté válik, ahol az (írott) nyomokat felváltja az (olvasói) gyakorlat; ahol az utazás célja maga az

---

[41] A komplex hálózatok kutatásában használt terminus. A definíció szerint a skálafüggetlen hálózat olyan hálózat, melynek nagy fokszámú csomópontja van, s a csomópontok fokszámeloszlása méretfüggetlen, az összekötött csúcsok fokszámainak szorzata az azonos fokszámeloszlású gráfok között közel maximális. Ha a modellt az emlékezet szobáinak mnemotechnikai terére alkalmazzuk, ezt azt jelenti, hogy valamennyi szoba összeköttetésben áll valamennyi másikkal.

áthaladás aktusa. A passzív vándorként kóborló olvasó teste betűt vés a térkép felületébe. A térkép homogeneitása azonban nem jelenti, hogy semleges is volna, a jelentéstulajdonítás így nem végletesen önkényes. Az egyes szöveghelyek különböző szinteken érvényesülő, eltérő motívumokra lehetnek jelöltek. A két fő motívum: (a fentiekben említett genealogikus és poétikai szál) a család (gyerek/szülő, gyerek/felnőtt, apa-fiú-apa, élet/halál, emlékezet…) illetve a nyelv mint közvetítő kódrendszer (költészet, prófécia, véletlen, poétika, élet/halál, emlékezet…). Kapcsolódások az egyes motívumokon belül, de közöttük is létrehozhatók. A létrehozott asszociációk értelmezéseit a következő történetek *mise-en-abyme*-jai (szobánként egy) írják fölül: Jónás könyve, Pinokkió kalandjai, Az *Ezeregyéjszaka meséi* (*mise-en-abyme* a *mise-en-abyme*-ban) és a Kasszandra-mítosz. A teoretikus „*screener*", akinél az olvasás és írás aktusa szétválaszthatatlan, rájátszik a kapcsolódások véletlenszerűségére, és ezzel a térkép fölé, az író tekintetével egy pozícióba (a nap szemének mitikus horizontjára) emeli az olvasó tekintetét.

Vegyük példánkul azt a pillanatot, amikor az olvasói (és az) emlékező tudat belép az Anne Frank, Amsterdam feliratú szobába. Lineárisan az Anne Frank motívum megjelenésétől (Auster 1982, 82) a textonok következő láncát olvassuk (részlet):

I) Párizs (az előző szoba) > Amszterdam > Descartes > Pascal > emlékezet > Israel Lichtenstein > Daniel Auster > mnemotechnika > Flaubert > haldokló nagyapa > baseball > Szent Ágoston > S. > Cvetajeva > Raleigh > […] > Jónás > […]

A New York Public Libraryben (ismét egy archívumban sétálunk) őrzik azt a lapot, amire Auster elkészítette saját térképének útvonalait. Landow rendszerében a textonok szkriptonokká állnak össze. Definíciója szerint a „szkripton tehát a szövegből előtűnő egy vagy több texton megszakítatlan sorozata" (Landow 60). Ugyanabból a (B) pontból kiindulva következzék két lehetséges asszociációlánc (szkripton) ezek közül:

II) Anne Frank > Amszterdam > Van Gogh > őrület > Auster skizofrén nővére > Kasszandra > prófécia > Jónás > bálna

III) Anne Frank > Amszterdam > Rembrandt > Titus > fiú[42]

A sorba helyezett textonok valamennyi archívum elemeit egyesítik, de az egyes textonok külön is összefüggésbe hozhatók a négy asszociációs halmaz mindegyikével. Ez teszi lehetővé, hogy a metonimikus, motivikus hálókon

---

[42] Vö. Contat 174.

bejárt utak struktúrái ráépüljenek a homogén térre. A példában leírt lineáris szekvencia első tagja, Amsterdam maga az archívum azonosítója (B), mégis bejárást biztosít a többi terembe.:

IV) Amsterdam (B) jelöli New York-ot (C) (korábbi neve New Amsterdam), Franciaországot (D) (Descartes jellemzése Amszterdamról), Jónás bálnájának gyomrát (A) (Anne Frank bezárt szobája, Amsterdam mint koncentrikus körökre épülő térkép).

Az első pontban felsorolt textonok szöveghelyei egyenként is „könyvtárközi" utalásokat tartalmaznak. Mivel bármely csomópontból indítható újabb leágazás, végtelenségig folytatható a lánc. Például:

V) Daniel Auster (1893-1962) > Danielnek, A. fiának rímhívója, prefigurációja > a szabad Jeruzsálem[43] (a halasztódó ígéret földje) első polgármestere > Jeruzsálem ígérete mint a baseball statikus világának győzelmi ígérete > a baseball játékosról, Lou Gehrigről elnevezett betegség > a beteg nagyapa haldokló élete > poétika > „élet-halál kérdése" > „Mi, nem?", Jack Oakey-film > [...]

1) A véletlenszerűség poétikája

Mireille Rosello ennek a mozgásnak a leírására a *flâneur* (134), vándor kifejezést ajánlja, azzal a céllal, hogy a térképet véletlenszerűen bejáró test fogalmát elkülöníthetővé tegye a térképrajzoló (író) és térképolvasó kategóriáitól.

Azért javaslom a véletlenszerűség stratégiáját, mert az utas olyan koncepcióját adja, amely eltávolodik – ha szabad így fogalmaznom – mind a térkép használójától, mind készítőjétől, akiket korábban már olvasóként és íróként azonosítottam. Az az utas, aki sehova sem tart, nyilván nem tart igényt térképre. Aki kóborol, annak számára értelmezhetetlen a célállomás fogalma. Bolyongása nem nevezhető utazásnak, a mozgás céltalansága értelmetlennek tűnik föl. De az értelem hiánya rögtön megszűnik, ha egy megfigyelő megpróbálja kibogozni az útvonalat. Bárki is figyeli a *flâneur*t (különösen a városi *flâneur*t, aki az utcák mintázatának szűkösségével találkozik), annak újra kell gondolnia

---

[43] Ez a metonimikus, asszociatív, laterális logikai labirintus kontrasztba állítható a középkori teológia „*sensus allegoricus*" fogalmának statikusságával. A Jeruzsálem szó jelentésének ebben az értelmezési mátrixban négy szintje volt elkülöníthető: 1) a szó szerinti jelentés (Jeruzsálem a zsidók városa); 2) az allegorikus jelentés (Jeruzsálem, az egyház allegóriája); 3) , tropologikus, morális jelentés (Jeruzsálem, a hívő lélek); 4) anagogikus jelentés (Jeruzsálem, az örök élet reménye).

az utas teste és a térkép közti kapcsolatot, valamint a státuszt, amit a térkép mint egy adott tér metaforikus leképezése betölt. A *flâneur* teste, amely nem követ semmilyen útvonalat, és nem fedez fel újabb, a célállomáshoz vezető utakat, aláássa a tér üres tartályként, a hálózat semleges burkaként való meghatározását. Ha sikerül megfigyelnem a kóborlót [...], ez képessé tehet arra, hogy másképpen gondoljak a térképre, új dimenziókat társítsak az eredeti elképzeléshez; lehetővé teszi, hogy megértsem, a tól-ig utazásokon kívül más utak is lehetségesek. (Rosello 134-135)

Itt szükséges egy rövid utalást tenni arra a regényre, amelyet *Az emlékezet könyve* megelőzött és előkészített: a *New York trilógia* első kötetére. A nyomkövetés olvasói cselekedetének elbizonytalanító tapasztalata hasonlít Quinn *unheimlich* élményéhez az *Üvegváros*ban. A megfigyelt személy (Stillman, egy apafigura) léptei a térképre feljegyezve értelmes szavakat adnak ki. Quinn (egy eldönthetetlen olvasó/író alterego) számára mégsem maga a rejtély volt borzongató, hanem annak felismerése, hogy ha ő fel nem jegyzi, akkor ezek a szavak sosem léteztek volna. „A véletlenszerűség poétikája a képzetes áthelyezések sokaságára épül" – írja Rosello (150 – Saját fordítás). Az író és olvasó pozíciójának, perspektívájának összemosásával az olvasat során létrejön az a furcsa tükörfázis, amelyben az író/olvasó eldönthetetlen, megkettőzött alakzata önmagát írja és olvassa. Dzsepettó kifaragja Pinokkiót, aki megmenti, és ezzel apává teszi Dzsepettót. A hasbeszélő a fabáb szájába ad egy történetet, és a történet végül a bábos saját történetévé válik. A textonok rímpárjai nem utalnak semmilyen nyelven kívüli jelentésre, pusztán a kapcsolódás lehetőségét állítják. Ezen kívül semmit sem jelentenek.

A rímhívó és rímfelelő elkerülhetetlen mintázata létrehozza az emlékeseményt, amit *memorémának* nevezek. A réma, az addig jelen nem lévő új szemantikai elem, egy asszociációs kapcsolat kialakulásával jön létre. Csakhogy ez a képzetes áthelyezés, önkéntelen jelentéstulajdonítás paradox módon rövidre zárja a Valós és Képzetes közti szimbolikus kapcsolást, és az értelmező/megfigyelő tudatot ezzel kimozdítja pozíciójából, ezáltal *unheimlich* tapasztalatot generálva. A műalkotást valóságként értelmezni, illetve a valóságot a művészi szándék lenyomataként olvasni önmagán túlmutató vállalkozás. Az előbbire szolgál például a regényben Tolsztoj opera-paródiája a *Háború és béké*ből, az utóbbira pedig Jeruzsálem mint motivikusan jelöletlen földrajzi hely (vö. Auster 1982, 146-147). A memorémák illuzórikus csalogatása, csalimeséje abból nyeri erejét, ahogy az értelmezőt folyamatosan kimozdítja pozíciójából, az általa elfoglalt perspektívából. „ [...] A. megértette, hogy a világ örökké áltatni fogja" (146). Freudnál az *unheimlich* tapasztalata egy regresszív tudatszint manifesztuma, a gyermek komoly jelentéstulajdonító játékához való visszatérés, amely játék nem különbözik az olvasó, író tevékenységétől.

Az ismeretlen ismerőssé tételének hagyományos poétikai premisszája itt visszájára fordul, a posztmodern austeri kondíciójában az ismerős ismeretlenként, idegenként ragadható csak meg. Olvasó és író pozícióinak eldönthetetlensége az értelmezés paradoxikus státuszából következik. A memoréma *apriori* jelentés nélküli mintázata jelen van, ha az értelmező (olvasó) kontextusa jelentést tulajdonít neki. (A *New York trilógiá*ban a puszta tekintetté redukálódott Quinn teremti meg Stillman céltalan kóborlásának nyomait, mikor feljegyzi őket. Azzal, hogy feltérképezi a bolyongás, a tévelygés, a (teleologikus) kudarc kaotikus labirintusát, egyben üdvtörténeti sugárúttá is egyenesíti („The Tower of Babel"). Quinn a szöveg írója (Stillman üzenete csak az ő füzetében létezik) elhiszi magáról, hogy olvasó (nem pedig e kettő egymást feltételező játéka). Csakhogy az üzenetet Quinn keze írja, a bábeli torony csúcsa az ő tollának hegyére mutat. Elköveti azt a végzetesnek bizonyuló hibát, hogy a kódban jelentést talál, nem pedig keres, így végképp eltűnik a metafizikus jelölők tükörjátékában. Quinn hübrisze, hogy azonosul. Hiszi, hogy Bábel tornya Stillmanre (az apára) mutat, rögzített olvasói (fiúi) pozíciója elfedi, hogy ő maga az apa (meghalt fiát gyászolja). A *Walden*t olvasva magát *a* szöveget keresi, és nem érti meg, hogy pusztán csak végtelen számú fordításainak, fenoménjeinek egyikét írhatja meg (vö. Auster 1982, 136).

A családregény a memorémák konnotációiban íródik, az egymást kioltó, törlő kapcsolódások varratai, hegei jelentik a regény topográfiáját. Mind a családi, mind a nyelvi, poétikai rekonstrukció eleve kudarcra ítéltetett, de a fenntartott emlékezés terében megszületik az emlékezet könyvének textuális térképe, és betelnek az üres családi album lapjai.

Az egyik memoréma (*chambre de bonne*) textonjainak kapcsolatán illusztrálom, hogyan függenek össze az emlékezet regényének poétikai és genealógiai kódjai. M. a második világháború alatt ugyanabban a szobában bujkált a megszállt Párizsban, mint amelyet puszta véletlenségből évtizedekkel később egyetemista fia is kibérel. Ugyanilyen párizsi (D) *chambre de bonne*-ban születtek A. első kötetének versei is, itt látogatta meg (ez egyszer) apja. A texton két egységre oszlik és öt bekezdésből áll. A két-két rímhívót és rímfelelőt felvonultató történet utolsó két mondata (szintaktikailag, kauzálisan jelöletlenül) extradiegetikus utasítást ad: „ [...] ahol az első verses kötetét írta, és ahol saját apja is – egyetlen európai útja alkalmával – meglátogatta. *Emlékezni apja halálára. És azon fölül megérteni – mert nincs ennél fontosabb – hogy M. története nem jelent semmit*" (Auster 1982, 80 – Saját fordítás, kiemelés tőlem).

A motívumok (száműzetés, apa, Európa, halál) és kódok (poétikai > költészet, genealógiai > apa/fiú), amikre ez a rím (memoréma) jelölt, összefüggésbe kerülnek egymással. A diszkurzusban kimutatható retorikai/logikai hasadék, a történet befejezésének pontja és a következő, meditatív felszólítás főnévi igeneve közti űrben felfeslenek a mélystruktúra jelölési láncai. A szoba, mely üres hely, fehér tér a történetben, a hozzá kapcsolódó kódok révén helyet kap abban az asszociációs hálóban, amit a szöveg fellelhető valamennyi szoba-metaforája alkot. A *chambre de bonne* az Én metaforájaként az emlékmunkában történik meg, jön létre.

Az emlékezet könyve tizenhárom kisebb könyvre és két prológusra tagolódik. A szabálytalan, laza, leginkább jegyzetapparátusra emlékeztető szerkezet poétikáját a következő, többször elhangzó utasítás adja meg: „Ezen témák bevezetése. Később kifejtendő" (79, 88 – Saját fordítás). Az emlékelemek látszólagos rendezetlenségébe azok összekapcsolódása szövi azt a mintázatot, ami a *flâneur* nyomvonalát kirajzolja. Miközben a négy fő szobát lassanként megtöltik a memorémák rímei, láthatóvá válik az egymást határoló négy válaszfal, amelyek egy újabb, ötödik, kiterjedés, dimenziók nélküli szoba, a *chambre de bonne* falait alkotják. Ezt a szobát járja körül újra és újra az írói/olvasói perszóna, itt káprázik az Én szimulákruma, ez a szoba a Leviatán gyomra, a létezés méhe, mely megszüli a fiú (Harry > Samuel > Paul > Daniel) történetének lehetőségét.

Az emlékelemek sztochasztikus káoszában egy variációiban ismétlődő fugatémával újra és újra felhangzanak e bezárt szobát körüljáró léptek repetitív visszhangjai. Az asszociatív gondolatformát követve a visszatérő, idézett, extradiegetikus sor mindannyiszor a „mint" kötőszóval kezdődik. E sorok adják a tudat mozgásának ritmusát újabb asszociációs réteget képezve. Ha az első narratív szint a textonoké, a második a belőlük felépített szkriptonoké, úgy a harmadik szint a memorémákat létrehozó (olvasó/író) tudat délibábját festi.

A könyv második lapján (76) elindul ebből a szobából a vándorló tudat, hogy elhagyva a vajúdás helyszínét, minden egyes lépéssel vissza is térjen hozzá. A szöveg gondolati ritmusát adó ismétlődő hasonlatokon („mint"-textonokon) kívánom a vándorló tudat körkörös mozgását bemutatni.

2) Önreferencialitás

> Mint a kifejezésben: „ebben a szobában írta *Az emlékezet könyvét.*" (76 – Saját fordítás)

Az elliptikus trópus hasonlítottját visszamenőlegesen teremti meg a hasonlító. Ezt a retorikai eszközt nevezi Carl D. Malmgren „lakunikus szövegnek" (Malmgren 1982, 22). A hiányos mondat magában foglalja a meg nem fogalmazott lehetőséget, ezzel a szöveg egyszerre válik hiányossá és teljessé. Minden egyes parabolikus kísérlettel egyre láthatóbbá és egyre áttetszőbbé válnak a körüljárt üres tér határai. A „mint" kötőszó a szoba konnotációját adja meg, azonban ezen a ponton hasonlító és hasonlított [„Egy kép, például egy emberről, aki egyedül ül a szobában" (Auster 1982, 76 – Saját fordítás)] ennek a motívumnak az első megjelenésében egybeesik:

PAUL AUSTER – FEHÉR TEREK

tisztán önreferenciális, egydimenziós. Ebben a pillanatban a jelölés puszta ténye hangsúlyos, a nyelvben való léte („Mint a kifejezésben"). Az antecedens nélküli koreferenciális szerkezet valódi jelöltje maga a nyelv, melybe belépve a *flâneur* mindig már megteremti a megismerhetetlen nyelv végtelen számú fordításainak egyikét. A meditatív helyzetből az következik, hogy a beszélő a nyelvben van, önmagába zártan, a jelen iránti nosztalgiával: múlt és jelen egybeesésében már létre jött („írta") *Az emlékezet könyve*, ami még csak most van megszületőben.

3) Meditáció, bezárt szoba

A parabola következő megjelenése néhány oldallal később Anne Frank szobájához hasonlít:

> Mint a kifejezésben: ebben a szobában írta a naplóját. (82 – Saját fordítás)

Az elbeszélő kijelentése szerint ebben a pillanatban, Anne Frank szobájában kezdődik el *Az emlékezet könyve* (83). Ez a kétirányú, előre-hátra mozgó narratív szerkezet is megerősíti a szinkronikus, prefigurációkra, asszociációkra építő horizontális narratív szerkezetet. Ezen a szöveghelyen felismerhető az Auster-szövegekben gyakori kitartott felütés sémája: a történet így kezdődik, a történet még korábban kezdődött azzal, a történet még ennél is korábban kezdődött amazzal, miközben egyre beljebb és beljebb hatolunk a szövegtestben. A kettős (tehát akár végtelenül ismételhető) kezdést a következő Pascal-idézet is erősíti:

> Elgondolkoztam néha az emberek különféle lázas tevékenységén, azokon a veszedelmeken és gyötrelmeken, amelyeknek az udvarban, a hadakozásban teszik ki magukat, amelyekből annyi civakodás, indulat, vakmerő és gyakran balul kiütő vállalkozás stb. származik, és ráeszméltem, hogy minden bajuknak egy a forrása: nem tudnak nyugton megülni a szobájukban. (Pascal 139)

Ez az idézet egyedüliként mind az első, mind a második motívum mellett szerepel. A szövegben azonban Pascal *bon mot*-ja visszájára fordul, esetünkben a világon minden baj éppen abból származik, hogy egy ember képtelen elhagyni a szobáját.

4) *Pars pro toto* és *mise-en-abyme*

> Az emlékezet mint szoba, mint test, mint koponya, mint egy koponya, ami magába zárja a szobát, amiben egy test ül. Mint a képben: „egy ember ül egyedül egy szobában." (88 – Saját fordítás)

A test és elme, valóság és nyelv tükröződésében létrejövő Én hasonló képzetét adja Emily Dickinson szobájának leírása: „Ha szavakkal is lehet a világban élni, gondolta, akkor még ha nem is létezik a világ, amire ajtót nyithatna, a világ akkor is jelen van ebben a szobában, ami azt jelenti, hogy a szoba van benne a versekben, és nem megfordítva" (123 – Saját fordítás). A gondolatforma: „a nyelv, amely betölti a szobát (testet), ami betölti a nyelvet" oly módon is hangsúlyt kap, hogy az első „mint"-texton szinonim hasonlítottja („Egy kép, például egy emberről, aki egyedül ül a szobában") itt már hasonlítóként jelenik meg („Mint a képben: „egy ember ül egyedül egy szobában") (ibid.).

5) A rímelés sötétje

> A szoba. Röviden említeni a szobát és/vagy a benne leselkedő veszélyeket. Mint a képben: Hölderlin a szobájában. (98 – Saját fordítás)

A tébolyult Hölderlinnek oltalmat/börtönt jelentő szobát Zimmer („szoba") úr nagylelkűségének köszönhette a költő. A rímelés árnyoldala a jelölés prefiguratív, szinkronikus jellegéből következik. A. nem meri meglátogatni S.-t, akit apjaként szeret, mert attól tart, hogy édesapja halálának rímhívójára S. halála lehet a felelet (94). Ugyanez a fiúra vonatkoztatva: az Anatole-t gyászoló Mallarmé versei rímhívóként jelölhetik Daniel halálát. A jelölés itt ragályosan fertőző, akár a kasztráció Balzac *Sarrasine*-jében.

6) Szemiózis – a rímelés világossága

> Egy fiatalember, húsz év után, ugyanabba a szobába kerül, ahol az apja szembenézett a magány rettenetével. [...] Ez azt jelenti, amit. Se többet, se kevesebbet. Azután azt írja: belépni ebbe a szobába annyit tesz, mint eltűnni valahol, ahol múlt és jelen találkozik. Azután azt írja: mint a kifejezésben: „ebben a szobában írta *Az emlékezet könyvé*t". (149 – Saját fordítás)

Ez az idézet a „mint"-motívum utolsó megjelenése, mely a kiindulási ponthoz visszatérő, azt felülíró visszatérés a vele azonos első textonhoz. Az első és utolsó variáció azonosságának idézőjelei közé beékelődik tehát a *chambre de bonne*, az ötödik szoba, mely önmagát jelenti és a semmit, mely az Én-ek szinkronitásában, apák és fiúk eldönthetetlen genealógiai láncában végül létrehozza a fiú történetének esélyét. Samuel hiánya beszéli Pault, aki Danielt beszélteti (107), hogy ventriloquistaként elmondhassa valamennyiük történetét. *Az emlékezet könyve* emlékelemekké, textonokká dekonstruált, folyamatos konstruálódás alatt álló *Künstlerroman*. A rímelés világosságát, a bábeli zűrzavar nyelvi lehetőségeit, írói esélyeit ünnepli. Az író metaforája,

Jónás, itt az egyes szám hajótöröttje (91), eldönthetetlenül hamis és igaz próféta egyszerre, aki alámerül a bezárt magány sötétjébe, hogy a halálban megfizetve a némaság árát végre elbeszélhesse a történetet. Mitikus ellenpárja Kasszandra, a nő, akinek a szájából az igazság felhangzik, de akinek története nem az igazság kimondásának üdvtörténete, hanem a halálé. Az író fordító, szellemíró („ghostwriter", a magyar „néger" angol megfelelője), létező és mégsem az, aki a végtelen lehetőségek birodalmában az önmagát végtelenszer lefordító szöveget írja. A szimultaneitás, a rímelés káosza, a társítások végtelen hálózata, az egymással ellentétes szempontok egybeesése, az egymást átfedő jelentések paradoxonai az író számára nyelvi és egzisztenciális lehetőséget jelentenek. Az egymást viszonyukban definiáló szavak alkotta nyelv bármelyik részébe, fragmentumába belépve a beszélő a nyelv teljességét éri el. *Az emlékezet könyve* a jelen pillanat teljességének és önmagáért valóságának feljegyzéseit tartalmazza, akár a későbbi művekben fel-felbukkanó piros jegyzetfüzet (vö. *The Red Notebook*). A *New York trilógiá*ból elhíresült noteszről megtudjuk, hogy nagyapja ebbe írogatta be azokat a vicceket, amelyeket érdemesnek tartott arra, hogy társaságban is elhangozzanak. Az Én tehát belakta a *chambre de bonne*-t, a szobát, ami egyszerre két helyen van; az író pedig teleírta a piros jegyzetfüzetet történeteivel, melyek mást mondanak el, mint amiről beszélnek. *Az emlékezet könyvé*nek első sorai így hangzanak: „Maga elé fektet az asztalra egy üres papírlapot, és leírja ezeket a szavakat. Ez volt. Többé már nem lesz" (75 – Saját fordítás). Az utolsó lapon ezek a sorok megismétlődnek egy felszólítással kiegészítve: „Emlékezz" (172– Saját fordítás).

VIII. KÉNYSZERÍTŐ JÁTÉK (*SQUEEZE PLAY*)

Mottó: „A huszadik század vége már csak olyan, hogy nem lehet metafizikus értelemben jól belakni." Norma Rowen (Rowen 233 – Saját fordítás)

Hogy az Auster írói pályáján beálló fordulatot értelmezni lehessen, időben előre kell ugrani az 1997-es megjelenésű *Hand to Mouth: A Chronicle of Early Failure* (*Máról holnapra: a korai kudarcok krónikája*) című kötethez. Ezen hiánypótlónak szánt könyv első 125 oldala a pályakezdő író klasszikus értelemben vett önéletrajza, amit három függelék követ. Az első tartalmazza Auster három, addig kiadatlan egyfelvonásos drámáját, a második a regényekben motivikus szerepet kapó baseballra épülő, saját tervezésű kártyajátékát, a harmadik pedig az 1979-ben, Paul Benjamin álnéven megjelentetett *Squeeze Play* (*Kényszerítő játék*) című ponyva krimit. A *Hand to Mouth* jelentősége abban áll, hogy a már neves íróként jegyzett szerző életműve eddigre megteremtette az igényt a regényekben minduntalan felbukkanó önéletrajzi utalásokra, intertextuális játékokra. Az első, önéletrajzi rész sikertelen, örökös kudarcra ítéltetett fiatal írója a *New York trilógia*ban szereplő Daniel Quinn figurájára rímel. Ha összeolvassuk ezzel a szöveggel az *Üvegváros* azon jelenetét, amikor az éhező, lecsúszott, bukott Quinn (kudarcos költő, aki álnéven krimiket ír…) irigyen szemléli a bensőséges családi körben tevékenykedő sikeres papír Austert, plasztikussá válik a helyzet kafkai humora. Az önéletrajz mint összöveg archetipikus tárházát adja a megírt, megírandó regényeknek. Az önéletrajz mint textus maga is manifesztuma ezen archetípusoknak. Egy Mike nevű vagányban (Auster 1997, 15) ráismerhetünk *A véletlen zenéje* Pozzijára, de persze ez megfordítva is igaz lehet. Az olvasó folyamatos csábítást érez, hogy a fragmentumokból, mozaikdarabokból összefüggő történetté kerekítse az író élettörténetét, miközben végletes távolságba kerül a szubjektum kartéziánus egységétől. Valóság és fikció különbsége értelmezhetetlenné válik ebben a játékban. *A véletlen zenéje*nek Stan és Pan bőrébe bújt excentrikus milliomosait (Stone és Flower) a *Laurel and Hardy Go to Heaven* című egyfelvonásosban a hatalmi hierarchia másik oldalán, a rettentő fal építése közben találjuk. *Blackouts* címmel olvashatjuk a *Bezárt szoba* dramatizált verzióját, azzal a biztos tudattal, hogy valójában a *New York trilógia* második kötete volt az, amely prózává átdolgozott formában eredeztethető ebből a darabból. A *Hand to Mouth* nélkülözéssel, éhezéssel, fillérekért végzett intellektuális rabszolgamunkával kitöltött napjai közül is kiemelkedik kegyetlenségével és reménytelenségével az a pillanat, mikor az elvált, gyermekes, munkanélküli írót egy kiállításon kártyajátékával együtt rövid úton kirúgják. Megrendítő, drámai erejű ez a jelenet: reményvesztett főhősünk utolsó, kétségbeesett pénzszerzési kísérletének ez a brutális eltiprása, ahogy az izgalmas próbajátékot követően a kapitalizmus fasisztoid képviselője megalázza e modern Sziszifuszt. Csakhogy a kötet közepén, mellékletként megtaláljuk a kivágható, precízen kétoldalasra nyomtatott kártyajátékot, amit a szövegekkel együtt mi magunk is megvettünk. A jogdíj a szerzőé.

Az olvasók számára a kötet igazi szenzációját azonban a harmadik függelék jelentette, a *Squeeze Play*[44]. A Paul Benjamin álnéven 1978-ban írt és 1982-ben kiadott klasszikus, „hard-boiled" stílben elhelyezett ponyvaregényt Auster önmaga prostituálásának kézzelfogható bizonyítékaként kezelte, mégis – mint egyik kritikusa, Joseph S. Walker kimutatta – a *New York trilógia* előképének tekinthető (Walker 2002). Nem egyszerűen csak arról van szó, hogy a regényben megjelenő motívumok (a protagonista Max Klein keresztneve, a baseball, Bábel tornya, a „bármi megtörténhet" austeri mottójának megjelenése) számot tarthatnak a filológus érdeklődésére. Az E/1 és E/3 személyű megszólalás, a költészet és próza közti határvonalat meghúzó és átlépő *A magány feltalálása* után ez a könyv Auster első befejezett és megjelenésre kerülő regénye, egy korai lehetőség az új hang megszólalására. Éppen ebből a szempontból izgalmas, hogy a szövegnek (legalábbis látszólag) be kell tartania azokat a műfaji szabályokat, melyeket a *New York trilógia* metafikcionális anti-detektívtörténete parazitaként fog felforgatni. Hogy a műfajiságnak ezeket az aspektusait áttekinthessük, érdemes néhány elemében összegezni, hogy milyen előzményekre épül az Auster-poétika fogékonysága a krimi iránt.

---

[44] Auster interjúkban tíz éven át célozgatott a ponyva krimi létezésére. Paul Benjamin Auster írói álneve Paul Benjamin, a *New York trilógiá*ban megemlített William Wilson regény címe pedig *Suicide Squeeze*.

8.1 A KÁRHOZOTT DETEKTÍV

> *Mottó:* „Egy széthulló műfaj hagyományai
> paradox módon működőképesek maradnak."
> Stefano Tani (Tani 43 – Saját fordítás)

Stefano Tani 1984-ben megjelent, *The Doomed Detective* című munkája átfogó képet nyújt a krimi műfajának kezdeteitől egészen posztmodern mutációinak osztályozásáig. Tani elsősorban az angolszász gyökereken felépülő olasz és amerikai kortárs fejleményeket vizsgálja, de az akkor még relatíve újdonságnak számító Austerre nem fordít külön figyelmet, így szükséges eredményeit összevetni a *New York trilógia* és a *Squeeze Play* műfajisága felvetette problémákkal.

Edgar Allen Poe: *A Morgue utcai kettős gyilkosság* (1841) című novellája előzményeként Tani az angol gótikus regényirodalmon túlmenően első soron az Oidipusz-mítoszt határozza meg a műfaj archetipikus előképeként. Az apa hiányát kitöltő keresés mint a regény műfajának egyik kulcsmozzanata a detektívirodalom tematikájában tehát különös hangsúlyt kap. *A magány feltalálása* ilyen értelemben olvasható krimiként is (vö. „freudi detektívregény", Bierkerts – Saját fordítás), a jelen nem lévő apa nyomainak detekciójaként is (épp ezért nem meglepő az erőszak, a gyilkosság megjelenése a könyven). De a krimi értelmezhető úgy is, mint egy olyan zsáner, mely a Barthes-i hermeneutikus kód (Barthes 1997) dominanciáját biztosítja a többi négy diszkurzív kód fölött, s amely épp ezért válik az olvasás (illetve, mint látni fogjuk, az írás) aktusának allegóriájává. Poe előzményeit kutatva Tani a mitikus pretextus mellett Horace Walpole és Ann Radcliffe gótikus regényeinek fontosságát hangsúlyozza, melyek a titok/sejtelmesség (*mystery novels*) aspektusát adják a később megszületendő műfajhoz. Auster tehát, akinek írásaiban az *unheimlich* élmények visszatérő elemek, már pusztán ezen műfaji sajátsága miatt is érdekelt a krimiben. A harmadik elem, amely az előbbi kettővel együtt nemcsak a *New York trilógia* metafikcionális anti-detektívtörténetében, hanem a későbbi, akár mágikus-realistaként is besorolható munkáiban is központi szerephez jut, az maga az erőszakos tett, a hatalmi struktúrákat aláásó, az „új teremtéshez" (Varvogli 159) elvezető, aszkézison alapuló gerillacselekmény.

Az a fikcionális tér, a krimi műfajisága, ahol Auster elhelyezhette első prózai szövegeit, kétpólusú rendszert mutat. Az egyik pont, az ellentmondásos módon jellegzetesen angol „Poesque" vagy „mystery", a másik a történetileg – Jurij Tinyanov ellentétes konstruktciós elve szerint (Tinyonov 230)[45] – ebből kialakuló, a realizmus igényével fellépő „non-

---

[45] Tinyanov szerint az irodalmi evolúció folyamatai általánosan leírhatók a következő (általa

Poesque" vagy „hard-boiled" (keménykötésű) amerikai iskola. A megteremtett műfajok funkcionális használata szerint a szerző Gramsci terminusaival megkülönbözteti azok tömegfogyasztásra szánt „mechanikus" kifejeződéseit (pl. Nick Carter-füzetek), illetve lírikus innovációit (pl. Nabokov, Borges művei). Az így létrejövő többdimenziós mátrix elemei sokszorosan fölülírják egymást, ezzel olyan komplex műfaji teret hozva létre, amelynek esztétikai lehetőségei bár a kezdeteknél is jelen voltak, a műfaj modern és még inkább a posztmodern fejleményei számára megkerülhetetlenekké váltak.

A detektívregény inherensen már a kezdetektől fogva az olvasás-írás folyamatának műfaji allegóriájául szolgált. Ezzel kapcsolatban Bényei Tamás a műfaji polaritás megfordítását javasolja.

> A metafizikus detektívtörténet[46] egy része (Poe, Chesterton) bizonyos szempontból a klasszikus (explicit módon nem metafizikus) detektívtörténet „meghosszabbításának" tekinthető – hiszen megvan bennük a krimi séma összes meghatározó jegye, beleértve az implicit metafizikai alapfeltevéseket. Voltaképpen nem a metafizikus detektívtörténet a krimi meghosszabbítása, hanem fordítva: a krimi a metafizikus detektívtörténet megrövidülése [...]. (Bényei 20)

Jól mutatja, hogy a krimi milyen mértékben hordozza magában azokat a paradoxikus gondolatformákat, amelyeket aztán majd saját posztmodern kiterjesztései aknáznak ki teljességében, ha kísérletet teszünk az egyes műfajváltozatok elkülönítésére, meghatározására.

Az első mintát a „Poesque", szolgáltatta, mely az irodalmi gótikával szemben fellépve racionálisként határozta meg magát. Lévén a Poe-i racionalitás egyszerre racionális és irracionális (vö. Poe 1918), ez az ésszerűség inkább a műfaji önazonosság letéteményeseként érzékelhető (az ellentétes konstruktív elv értelmében felváltja az irracionális gótikát, hogy a „Poesque" majdan átadja helyét a szintén irracionális keménykötésű iskolának). Ez az eldönthetetlenség Stefano Tani kategorizálásban is tetten érhető, ő ugyanis a műfaj tömegtermelésre szánt, mechanikus reprodukcióit racionálisként, míg lírikus, intellektuális innovációit irracionálisként tételezi

---

automatizált konstrukciós elvnek nevezett) mintázat alapján. (1) az automatizált konstrukciós elv szerint sorozatban, tömegfogyasztásra termelt szövegeket (esetünkben az ánglius vidéki kúriák statikus világában játszódó nyomozást) felváltják az ellentétes konstruktív elv szülte szövegek. (2) Az ellentétes konstrukciós elv szövegei a legkisebb ellenállás irányában haladva tért nyernek (a „keménykötésű" iskola akciódús, életszagú szövegei ellepik a könyvespolcokat.) (3) A burjánzás következtében a műfaj degenerálódik (a „hard-boiled" iskola hanyatlása a második világháborút követően) (4) az így előálló automatizmus ismét kiváltja az ellentétes konstrukciós elv életbelépését (megszülethetnek Pynchon és Auster anti-detektívtörténetei) (vö. Tani 36).
[46] A „metafizikus detektívtörténet" kifejezés Howard Haycraft találmánya, aki 1941-es *Murder for Pleasure* című könyvében alkalmazza először a terminust G. K. Chestertonra.

(Tani 25). És vajon mi lehet újítóbb, irracionálisabb, mint egy olyan szöveg, amelyhez egyértelműen köthető egy új műfaj születése? *A Morgue utcai kettős gyilkosság* a krimi irodalom megszületésekor egymáshoz rendeli a káoszt és a detekció/dedukció racionalitását. Dupin, vagy (az Austernél emblematikusan megjelenő) William Wilson figurájában a kettéosztott lélek, a lélek kettőssége (*Doppelgänger*, „bi-part soul", „doubles", „twins") vámpirizáló skizofréniában göngyöli fel a bűncselekményt. A döntő mozzanat az azonosulás, az identifikáció pillanata (Dupin felveszi ellenfele személyiségét, hogy megfejthesse a rejtélyt). A kreatív pillanat („creative moment" vö. Tani 5) megteremti az azonosulás lehetőségét, ami a megoldással elvezet a fel/megoldás pillanatához („resolvent moment" vö. Tani 6). Csakhogy a megfigyelő, a detektív kreatív és megoldó oldala ellentétben áll egymással (az ópiumszívó Sherlock Holmes irracionalitása eltörli a ráció kíméletlen bajnokát). A nyomozás aszkézisa (Auster újabb, negyedik kapcsolódási pontja a műfajhoz) előfeltételez egy azt megelőző elbukást is (vö. Tani 23). A rendszerint egy távoli, békés angliai kastélyban játszódó tudományos rejtvényfejtés statikus világa „az aranykor tündérmeséjével" (Tani 21 – Saját fordítás) ámítja a felső középosztály kiművelt kútfőit, s a szalonkrimi ellenében saját műfajuk védelmében látszólag joggal tör lándzsát az irodalmi realizmus mellett („hard-boiled school") Hammett és Chandler (vö. Chandler 16)[47]. A középkori románc örököseként az irracionalizmus felől közelítő (pl. Superman vagy James Bond) kalandos, beszélyes, populáris új műfaj dühödt realizmusigénye azonban már önmagában is ellentmondásos.

[A nyomozónak] hamarosan rá kell ébrednie, hogy az a „valóság", amire az érintettek felesküsznek, puszta tákolmány, koholmány, hamis, választott fikció, amit már azelőtt kiötöltek, hogy ő a helyszínre érkezett volna. A detektív feladata tehát nem más, minthogy elemeire bontsa, dekonstruálja, visszafejtse, szétszedje ezt a „valóságot", és hogy helyében felépítsen, helyreállítson egy igaz történetet, vagyis megállapítsa, hogy „valójában" mi is történt. (Hammett 2 – Saját fordítás)

A „valóságot" övező idézőjelek elvezetnek az anti-detektívtörténethez, ami a racionális-irracionális fogalompár eleve felforgatott dichotómiájának ismét az irracionális oldalára helyezi a hangsúlyt – beköszönt az új gótika kora. A fel/megoldás (végességének) felfüggesztése paradox módon az új műfaj középpontjába állítja a véget, a bűntény megoldását. A műfaji keretek

---

[47] Chandler elhíresült bekezdése Hammettről: „Hammett kiemelte a gyilkosságot a kristályvázából, és behajítottta egy szűk sikátorba. [...] Hammett visszaszolgáltatta a gyilkosságot azoknak, akiknek nyomósabb okuk is van az ölésre annál, hogy legyártsák a kötelező hullát, valamint kézenfekvőbb eszközeik az elkövetésre a nyílméregnél vagy egy mérgező halnál. Úgy írta meg őket, hogy hasonlítsanak önmagukra, és csak olyasmit mondjanak, amit ilyenkor általában mondanának" (Chandler 6 – Saját fordítás).

áthágásával, felülírásával új mutációk jönnek létre: a megoldás lehet részleges, de a szöveg meg is tagadhatja, el is törölheti vagy egyszerűen parodizálja a pozitivista elme által oly hőn áhított véget. Tani három technikát különböztet meg (Tani 43), amely képes létrehozni ezt a hatást. Az innovációt (váratlan megoldás), a dekonstrukciót (a krimi esetében a központ, a megoldás felfüggesztése) és a metafikciót (a könyv, amely tudatában van annak, hogy könyv). Auster az utóbbi kettőben érdekelt. A dekonstrukció lehetővé teszi a szöveg számára, hogy folyamatosan áthelyezze, eltolja a tematikus fókuszokat [pl. az anti-detektívtörténet egyik jellemzője, hogy a protagonista időközben érzelmileg, személyében válik érintetté (vö. *A 49-es tétel kiáltása*, Oedipa Maasa), miközben a bűntény megoldása érdektelenné válik], a metafikció pedig az olvasó és író közti bújócskával, fikció és valóság relativizált oppozíciójában végtelen számú lehetséges világot képes generálni. Az anti-detektívtörténet, tehát krimi *per se*. Amit Stefano Tani Hammettről és Chandlerről ír [vö. „a detektívregény hagyományait folytonosan arra használták, hogy felmutassák a koruk számára központiként tételezett káoszt és egzisztenciális űrt egy olyan műfaj keretei között, amely éppen az ellenkezőjét tűzi ki célul" Tani 34 – Saját fordítás)], nem pusztán az anti-detektívtörténetekről mondható el, de akár a kiindulási pontként szolgáló Edgar Allen Poe-ról is. Auster esszékötetében a modern-posztmodern fordulatot kommentáló Beckettet idézi:

> Nem azt mondom, hogy a jövőben megszűnnék a művészi forma. Mindössze azt állítom, hogy új forma jön létre, amely képes magába fogadni a káoszt, és nem annak bizonyításán fáradozik, hogy a káosz voltaképp valami egészen más. [...] Megtalálni azt a formát, mely képes helyt adni a rendezetlenségnek, ez korunk művészének feladata. (Auster 1998, 13-14 – Saját fordítás)

William V. Spanos pedig a következőket teszi hozzá a krimi műfajával kapcsolatban: „a jelenkor (posztmodern) írójának legfontosabb feladata [...], hogy aláássa a pozitivista elme detektívre jellemző elvárásait [...], hogy inkább felélessze, mint kiűzze a sajnálat, a rettegés és az iszony érzéseit" (Spanos 169 – Saját fordítás). A gótikus regény kaotikus világa, fenyegető atmoszférája ezen a ponton összefüggésbe kerül a *film noire* árnyalataival, a hard-boiled iskola fantasztikumtól sem mentes realizmusával és a minimalizmus anorexiás lakomáival. Csak az a forma fogadhatja magába a káoszt, mely a káoszon belül kérdez rá saját határaira.

A regény jelentésességének egyik hagyománya szerint annak folyamata az apakeresés folyamata, illetve magának az időnek a folyama. Oidipusz a protagonista, a cselekmény pedig maga az idő. Tani munkájában pontosan ez a két mozzanat teszi kárhozottá a detektívet. A nyomozónak az időben visszafelé haladva szüksége van egy kezdőpontra (a bűncselekmény elkövetésének időpontjára), különben a nyomozás nem volna más, mint folyamatos regresszió *ad infinitum*. A detektívregény ideje több szempontból is ellentmondásokat vet fel. Mindenekelőtt rendkívül korlátozott. A jelen jelentősége pusztán a múlt feltárásában nyeri el értelmét, a múlt azonban a történet kezdete előtt lezárult, akár a felfejtendő cselekmény. A jövőről pedig szó sem eshet. A kárhozott detektívet a múltban okozott kár hozza a történetbe; a nyomozó arra ítéltetett, hogy visszafelé haladjon a történetben. Ha sorozatról van szó, mint például Hercule Poirot vagy Nick Carter esetében, hősünk Sziszifuszként görgeti maga előtt az újabb és újabb ügyeket, az epizódok eredet nélküli kópiákként forognak körbe-körbe. Az anti-detektívtörténet elkerüli a szerializáció csapdáját azzal, hogy felfüggeszti a zárlatot, de a nyomozás feladatának sziszifuszi jellege korántsem oldódik, pusztán más alakot ölt. Stefano Tani a (dekonstruktív) anti-detektívet a Kierkegaard-i ironikus emberhez hasonlítja (Tani 46), akinek választása abban áll, hogy nem választ semmit. A lehetőségek végtelen, párhuzamos világának fenntartása szabadságot biztosít a hős számára. A potenciális történetvariációk maximumának, az aktuálisan bekövetkező események nullfokának bűvöletében a jelentések proliferációja végteleníti, fenntartja a rejtélyt. Amint azt a *New York trilógia* elemzése a későbbiekben majd megkísérli igazolni, Auster metafikcionális (tehát nem dekonstruktív) anti-detektívtörténetei esetében nem annyira a lehetőségek szabad játéka, mint a tételezetlen lehetőség korlátlan semmis(s)ége a tét.

8.2 LABIRINTUS, TÜKÖR, TÉRKÉP

A hangsúly az anti-detektívtörténetben a rejtély megoldásáról eltolódik a detekció folyamatának időbeni aspektusai felé. A válasz lehetőségének felfüggesztése episztemológiai, egzisztencialista kérdésekhez vezet. Az anti-detektív archeológus, térképkészítő és jelentésgyártó személy egyben, aki a jelen idő fluxusában kutatva hagyja maga mögött jelenlétének nyomait. [A cselekmény (és összeesküvés) fogalma angol megfelelőjének („plot") igei alakja térképrajzolást is jelent („to plot").] A jelen folyása, folyamata eltorzítja a múlt képzetét, a nyomozó minden egyes pillanattal távolabb kerül a felderítendő múltbéli pillanattól. A jelen a torz tükör készítője, a múlt pedig azé a labirintusé, melyben az elkövető végképp eltűnhet. A múlt a jelen tükrének torzításában nem tételezhető monolitikus egységként, a múlt mint labirintus az áthatolhatatlanság szüntelen ismétlődését jelöli. A jelen tükrén áttörő detektív létrehozza saját ellenpéldányát, *Doppelgänger*ét. A múlt visszatekintve válik az üldöző és üldözött közti eldönthetetlenség (vö. William Wilson, Black és Blue) előképévé. A penetrációval miriádnyi szilánkra tört jelen-tükör darabkái a megragadhatatlan valóság fehér terét reflektáló végtelen számú lehetséges perspektívát jelölik. A múlt labirintusa tehát a megoldandó misztérium tere, a jelen tükörfázisa hozza létre az ismeretelméleti torzításokat, a téves megfejtéseket, a térkép pedig kijelöli a megoldást. Ezt a hármas egységet tarthatja fenn, illetve áshatja alá a krimi, legyen hagyományos vagy anti-detektívtörténet.

8.2.1 *Felügyelet és büntetés* helyett bűntény és önfegyelem

Az Én önkiürítéséről mint ismeretelméleti esélyről már volt szó Auster költészetével kapcsolatban. *A magány feltalálás*ának apa-fiú kapcsolatát szervező anyagi megszállottság (a szöveg egyik démonikus víziójában az amerikai állampolgár addig táncol a dollárfa körül, míg holtan össze nem rogy), a jólétet megteremtő apa kényszeres spórolási monomániája a társadalmi hatalmi struktúrák fenntartását, indoktrinációját hivatottak létrehozni. Joseph S. Walker a már hivatkozott művében e két mozzanatot mint az austeri szubtextus összetevőit határozza meg, mégpedig olyan egymással folyamatos kölcsönhatásban lévő polaritásként, melynek dinamikájához Paul Auster szövegei minduntalan visszatérnek (Walker 390). A bűntény ismétlődő mozzanata (és az ilyen jellegű agresszióra minden egyes Auster-regényben találunk példát) Dosztojevszkij vagy Kafka nyomán az Én konstituálódására kérdez rá. Walker Michel Foucault *Felügyelet és büntetés* című munkájának fogalmi rendszerével írja le az austeri hős abbéli erőfeszítéseit, hogy megszabadítsa magát a domináns hegemonikus rendszerektől. A társadalom patriarchális, ideologikus rendszereit Foucault érvelésében (vö. „Complete and Austere Institutions", Foucault 1995, 231-257) a regények apa-fiú kapcsolatainak irodalmi megfogalmazása szervezi, melyeknek szubverzióját az önfegyelem, az aszkézis folyamatai teszik lehetővé. Ennek a programnak a drámai tetőpontját jelzi a bűncselekmény.

Azon posztstrukturalista felismerés, miszerint az Én nem létezhet a nyelven kívül, összekapcsolódik azzal a szubjektumelméleti megállapítással, hogy az Én *a priori* módon nem létezhet függetlenül azoktól a Másikoktól, másik Én-ektől, anyagi létezőktől, melyek azt formával és jelentéssel ruházzák fel. A fegyelmezés tehát kettős. Egyrészt az Én mint társadalmi entitás alapvetően kontingens, másrészt a nyelv által determinált szubjektum önmagát is felügyeli és fegyelmezi. A metapozíció lehetetlenségét, a függetlenségre törő Én erőfeszítésének paradox státuszát példázza D. A. Miller-nek a regényre vonatkozó megállapítása. Miller szerint bár a regény látszólag felszabadítja az olvasó szubjektumát azzal, hogy privát teret hoz létre az egyedi, a bensőséges, az otthonos kategóriáinak létrehozásával, valójában „olyan formát teremt, melyben egymásra épülnek az egyén és társadalom, az otthon és az intézmény, a szabadidő és a munka magános és nyilvános szférái" (D. A. Miller 82-83 – Saját fordítás). A regény tehát ilyen értelemben nem más, mint a társadalom felügyeleti intézményrendszerének egyik megnyilvánulása, nem pedig kibúvó alóla.

Foucault totalizáló rendszere inkorporálja a bűnözést is mint egy adott dichotómia egyik polaritását (a bűn elkövetése nem áshatja alá magát a társadalmi rendszert, csupán megerősíti azt azáltal, hogy annak egyik pólusaként határozza meg önmagát). Az ipari társadalmak totalitárius metarendszereivel szembeni frontális támadás kudarca az azt felváltó posztindusztriális társadalmakban keletkező töredezett szövegkörnyezet létrejöttével Foucault-nál is átadja helyét a lokális, gerillajellegű támadások lehetőségeinek. Mindez jelentheti, hogy a *grand narrative* szubverziója csupán arra utaló jel, hogy ilyen, mindent átfogóan omnipotens metarendszer talán soha nem is létezett, hogy a „nagy történet" látványos összeomlása éppen azért nem köthető egyetlen ponthoz, mert mindig is volt tér és idő, amely lehetőséget nyitott a hiteles ellenállás számára.

8.3 A BŰN IDENTIFIKÁCIÓS ALTERNATÍVÁJA: CHAPMAN, AZ ÉHEZŐMŰVÉSZ (*KÉNYSZERÍTŐ JÁTÉK*)

> *Mottó*: „A különbség élet és irodalom közt nem a hagyomány diktálta gyakorlat valamint a rajta kívül álló igazság és valóság közti választás, hanem olyan különböző hagyományos gyakorlatok közti, melyek lehetővé teszik a jelentésességet." (Wallace 71 – Saját fordítás)

Visszatérve a *Squeeze Play* műfaji kérdéséhez, a racionális-irracionális műfaji váltógazdaság állomásai közül Auster az utolsó hagyományosnak tekinthető zsánert, a keménykötésű iskolát választja. Ennek realizmusa lehetővé teszi Auster számára, hogy saját törekvéseit a mystery regények hagyományával szemben határozza meg; ugyanakkor az ellentétes konstruktív elv mozgásainak inherens, regényvilágon belüli régészeti rétegeit bolygatva a cselekmény éppen az austeri szöveg irracionális aspektusait teremti meg. Amint a Poesque tételezett racionalizmusa felületet, közeget biztosít a központot kioltó irracionális, üres, fehér térnek (a laterális logika megoldásai éppen a tiszta rációra kérdeznek rá), úgy válik Austernél a (kiadó elvárása szerint hagyományos) keménykötésű krimi a mystery ürügyévé. A hard-boiled zsánere mint műfajtörténeti fejlemény önmagában is terhes antitézisének minden örökségével (elegendő a *film noire* adaptációk atmoszférájára gondolnunk). Auster írói találmánya, hogy a *Squeeze Play* poétikájában az irracionális középpontot a perifériára helyezi át.

A detektív Max Klein (Max Worknek, az elvált, gyermekes Daniel Quinn inkontingens papír alakmásának prefigurációja) tökéletesen megfelel annak a képnek, amely az amerikai mítosz archetipikus héroszáról kialakult. A törvény és a bűn világát elválasztó „vékony, kék vonalon" egyensúlyozva Klein nemcsak hogy nem képvisel szubverzív erőt, kifejezetten pártatlan megfigyelő a Foucault-i panoptikum fenyegető birodalmában. Klein, volt kerületi államügyész, aki a hivatali korrupció elől menekülve válik magándetektívvé, fellázad ugyan a társadalmi berendezkedés ellen, de azzal, hogy kiteregeti az állami szennyest a médiában, valójában nem tesz mást, minthogy az egyik hatalmi intézményt felváltja egy másikra. Bár megszeg bizonyos szabályokat, magát a hatalmi, társadalmi berendezkedést egy pillanatra sem kérdőjelezi meg. A műfaj szabályainak megfelelően az ügyét előtáró George Chapman a detektívet épp egy korábbi nyomozás lezárása után keresi fel az újabb megbízatással. A protagonista jellemzéseként röviden felvázolt eset érdekessége, hogy Kleintől mi sem állt távolabb, minthogy a rend formálójaként lépjen fel. Egy tehetős család kérésére felkutatja elveszettnek hitt lányukat, akiről kiderül, hogy prostituáltként dolgozik Boston egyik külkerületében. Az igazság felgöngyölítésével a detektív munkája véget is ér. A gazdag lány maga választotta életébe Klein nem avatkozik bele, közli a tényeket az aggódó szülőkkel, akik megnyugodva veszik tudomásul, hogy gyermekük elvégre is életben van. Az igazság felkutatása itt annak nyugtázásává válik, hogy a nyomozás semmi esetre sem jár együtt a bűn üldözésével, a hagyományosan idealista magándetektív morális pozíciója esetünkben nem emeli a protagonistát a felügyeleti rendszerek polaritása fölé. Klein központinak tűnő figurája a szerelmi szál vonatkozásában még korlátozottabbnak bizonyul. A krimi alapötlete egy egyszerű inverzió: a cselekményben nem öngyilkosságnak álcázott merényletről, hanem megfordítva, gyilkosságként beállított szuicidumról van szó. A bűn az áldozat feleségének, a hagyományos *femme fatale* karakternek a bűne, aki felhasználja hősünket arra, hogy kiderítse a tényszerű igazságot, s így meghiúsítsa a férj, George Chapman tervét. Az orránál fogva vezetett detektív puszta eszközzé válik, és mindössze azt éri el, hogy megmenti a valódi bűnösöket azáltal, hogy magakadályozza a halott baseball sztár bosszúját, aki a színlelt bűntennyel kívánta csapdába ejteni a leleplezésére készülő házasságtörő párt. Chapman felesége, Judith, az álnok csábító a regény végén felajánl egy újabb perspektívát, a sajátját, ám hősünk elutasítja, erre már nem kíváncsi. Klein megelégszik annyival, hogy az asszonyra kiosztja a *Máltai sólyom* Brigid O'Shaugnessy-jének sablonos szerepkörét, és nem firtatja, hogy a hatalmi rendszerek normatív szerkezete miképpen bomlana fel, ha tovább folytatva a kérlelhetetlen nyomozást felfedhetné Judith alakjában a véletlen destruktív jelenlétét.

Az irracionalitás szubverzív erőterét tehát nem a protagonista, hanem éppen az ügyfél hordozza magában. Nem a gyilkosságnak beállított öngyilkosság a valódi bűn, az inkább csak következménye George Chapman, baseball bajnok valódi hübriszének. A baseball mint csapatjáték a keretbe szorított káosz allegóriája. A fehér vonalakkal határolt természetes (zöld) téren belül betartandó és betartott szabályok tökéletesen kiszámíthatatlan eredményeket hoznak, így Chapman rendkívüli tehetsége, töretlenül ívelő pályája valódi átokká válik. A rendezettség és rendezetlenség közti folyamatos harc a már felállított rendet újólag eltörli, a normativitás rend és káosz fenntartott konfrontációjában értelmét veszti. Chapman önmagára fogad, de nem nyereségvágyból. Éppen hogy kihívja maga ellen sorsát, minden igyekezete arra irányul, hogy leleplezze győzelmeinek zálogát, ami nem lehet más, mint az ördöggel kötött paktum. Chapman hübrisze, hogy felülírja a játék sztochasztikus valóságát saját önazonosságának normatívájával.

Foucault-nál a penetráció értelmezése az áthatolás pillanatára koncentrálódik (Foucault 1977, 33-35). Az áthágás és a határ fogalmai egymással való konfliktusukban határozhatók csak meg, egymást előfeltételező létezésük arra a választóvonalra redukálódik, melyben felcserélhetőkké válnak; s amelyen kívül nincsen számukra létezés. De mivel éppen erre az egymást előfeltételező, korlátaikat és végletességüket egyaránt kimerítő antagonizmusra szorítkozik létük, az állandó ismétlődés spirális alakzatot ír le. E mozgás tehát nem hatás és ellenhatás önkioltó interferenciájához vezet, mert a határon létet az áthatolás sokadszori aktusa sem merítheti ki.

Chapman hübrisze létrehozza az új teremtés, az új rend lehetőségét is. A baseball sztárt saját tehetsége hasbeszélő bábuvá alacsonyította, belekerült egy ördögi körbe, amelyből csak a rend ellen elkövetett rendhagyó, kaotikus erőszakkal léphet ki. Az Auster-hősök esetében a határ áthágása (*Az emlékezet könyvé*nek nagyija lő, Chapman önmagára fogad, a *Leviatán* Sach-e szimbólumokat robbant, Meet Walt ujját levágják, *Doppelgänger*ét meglincselik) az önfegyelmezés aszkézisán át egy új rend megteremtéséhez vezet, mely lecseréli a társadalom hatalmi rendjének normativitását. Ám ahogy a többi regény főhőseinek esetében sem egyszerűen a protestálás lázadó, frontális támadást intéző gesztusáról van szó, úgy a szándékos csalással Chapman sem a valóságot kívánja irányítása alá vonni. A bűn elkövetését sokkal inkább az a vágya motiválja, hogy visszaszerezze az ellenőrzést önmaga fölött, hogy végül befolyást nyerjen a világhoz fűződő kapcsolatára. Auster a bűnt tehát nem a fegyelmezés és büntetés paradigmájában helyezi el, hanem a (társadalmi) fegyelmezés és önfegyelmezés polaritásán belül. A szubjektumot korlátozó külső, szociális *én*definícióval szemben a szubjektum önkorlátozása saját *én*definícóját teremti meg. A fegyelmi rendszerek interiorizálása kívül esik a fegyelmezés/büntetés, szabálykövetés/törvényszegés dimenzióin, a folyamat mindig a határok áthágásával kezdődik. Ez alapvetően igaz valamennyi Auster-hősre, de fontos megjegyezni, hogy az egyes regényekben vagy a hatalmi rendszerek más és más egyensúlyi állapotával szembesülő, eltérő pályát bejáró protagonistákkal találkozunk (vö. Fogg a *Holdpalotá*ból), vagy olyanokkal, akik teljesen le is tértek pályájukról (vö. a *Timbuktu* Csontija). Chapman esetében az önmaga predesztinálta bukás jelentéktelennek bizonyul ahhoz képest, hogy az önfegyelmezés és önmegfigyelés fegyelmi intézményeivel kísérletet tesz az önmeghatározásra. Chapman előidézi saját bukását, hogy visszatérhessen a normativitás maximumához és a kontingencia minimumához. Knut Hamsun, Kafka, Beckett és saját maga eltűnésre ítéltetett hősei mellett, Auster megteremti a *Holdpalota* M.S. Foggjának, a *Mr. Vertigo* Meet Waltjának korai előképét, akik számára a fegyelmi rendszerek produktivitása az Én újradefiniálásának lehetőségét jelentik.

IX. A NEW YORK TRILÓGIA (ELSŐ KÖTET)

Mottó: „Annak a ténynek, hogy ezek a minden rendszernek ellenálló elemek végül el- vagy felfedik a rejtélyt, a jelentősége és a fontossága mindössze abban rejlik, hogy maguk az elemek léteznek." Alain Robbe-Grillet (Robbe-Grillet 56 – Saját fordítás)

A műfaji regresszió poétikai szervezőerőként történő meghatározásához idéztem már Stefano Tani megalapítását, miszerint „[e]gy széthulló műfaj hagyományai paradox módon működőképesek maradnak" (Tani 43). Úgy vélem, az Auster későbbi műveit övező kritikai értetlenség részben abból is következik, hogy nem utolsósorban Alison Russell (Russell 1990) alapvető munkájának hatására a recepció a trilógia anti-detektívtörténetében elsősorban a dekonstrukciós olvasatok lehetőségeire koncentrál. A 8.1-es fejezet éppen azért emelte központivá a metafikciós anti-detektívtörténet megjelölést, mivel az világosabbá teheti a *New York trilógia* és a későbbi regények közti kapcsolatot azáltal, hogy a hangsúlyt áthelyezi a dekonstrukciós olvasatokról az intertextualitás labirintusában örvénylő Én/szöveg, olvasás/írás, szerző/olvasó paradox dichotómiáira, valamint az identitás fehér tereire. Mindenekelőtt azonban a két műfaj pontos elkülönítésére van szükség, ehhez Bényei Tamás *Rejtélyes rend* című kötete nyújt majd segítséget, az így kapott kategóriarendszert pedig a következő fejezet Stefano Tani *The Doomed Detective* című munkája alapján bővíti tovább.

Bényei meghatároz metafizikus detektívtörténetet (ezt a részben a klasszikus krimire jellemző episztemológiai allegorikusság, és az olvasás/értelmezés allegorikussága szervezi) (vö. Bényei 105) és ezen belül anti-detektívtörténetet (a klasszikus krimi alapfeltevéseit iróniával, paródiával felülíró metafizikus detektívtörténet, melyben a megoldás elhalasztódik, megsokszorozódik, vagy elveszti jelentőségét) (vö. Bényei 111). Ez utóbbit Bényei paradox műfaji alakzatként írja le.

[A]mikor az anti-detektívtörténetek kikezdik a metafizikus detektívtörténetek episztemológiai stratégiáit, minden detektívtörténettel párbeszédet folytatnak. [...] Tulajdonképpen azt mondhatnánk [...], hogy az általam anti-detektívtörténetnek tekintett szövegek valójában *anti-metafizikus detektívtörténetek,* vagyis a krimi metafizikai, logocentrikus alapfeltevéseinek dekonstruktív kritikájaként olvashatók. (Bényei 21)

E szerint az értelmezés szerint állítható, hogy az anti-detektívregény inherensen dekonstruktív, ugyanakkor metafikcionális is. „[A]z anti-detektívregényekben mindig ott van mögöttük a reflektált metapoétikai háttér, a regényhagyománnyal folytatott párbeszéd eredménye" (Bényei 41). A klasszikus és az anti-detektívtörténet összevetésében Bényei a metafikciót mint ellentmondásos [„nem csak elutasításból, és tagadásból álló" (ibid.)] határfelületet jellemzi. A befogadó központi szerepével, a játékszerűséggel és a műfaj önironikus intertextualitásával kapcsolatban a következő megjegyzést teszi:

> [A]z anti-detektívtörténetekben a klasszikus kriminek ezek a sajátságai idézőjelben, a metafikció szintjén jelennek meg; míg az anti-detektívtörténet fenti vonásai mintegy öntudatlanul, a műfaj piac diktálta követelményeiből adódóan vannak jelen [...], az anti-detektívtörténetben mindig ott van mögöttük a reflektált metapoétikai háttér, a regényhagyománnyal folytatott párbeszéd. (Ibid.)

Bár a tipológiai hasonlóság a trilógia és az azt követő regények között egyértelműen kimutatható, a műfaji diverzitás a *New York trilógia* első értelmezéseinek idején valószínűleg ellentmondásosnak és zavarónak hatott. Valószínűsítem, hogy a kritika Austert a posztmodern első hullámához sorolta, első kötete alapján munkásságát reflexszerűen Thomas Pynchonéval rokonította. Érvelésemben az ok, amiért Auster a mystery-vel szemben a (hard-boiled) detektívregényt, a nyomozó mint olvasó helyett a nyomozó mint író koncepcióját választotta, ugyanazokon az ontológiai, episztemológiai, esztétikai előfeltevéseken alapul, mint amelyek korábbi költészetét, drámáit és későbbi prózáját is szervezik. A Tani-idézet premisszája rávilágít, hogy a *Squeeze Play* megírása után Auster a detektívregény műfajában rejlő lehetőségeket kiaknázva túllépett a nyitott mű (a recepció felől olvasva: az anti-detektívtörténet dekonstrukciós aspektusait előtérbe állító poétika) létrehozta lehetőségek szabad játékán, hogy a műtől a szövegig vezető úton a metafikcionalitás útvesztőiben az írást megelőző korlátlan, üres, fehér tér jelentette hiány jelenlét-potenciáljához jusson el.

9.1 Ami Austernek zsánere...

Mottó(1): „A kritikai exegézis és az irodalomelméletek által, a tudományos, szemiotikai analízisek során általánosan a regénynek tulajdonított sajátságok milyen mértékben hagyhatók el, csonkíthatók meg vagy pusztíthatók el mindamellett, hogy a narratíva továbbra is regényként azonosítható maradhasson?" William Lavender (Lavender 219 – Saját fordítás)

Mottó(2): „Más szavakkal: meddig tolerálják az emberek az idült hülyeségeket, ha azok elszórakoztatják őket? Egyértelmű a válasz, nem? Bármeddig." Paul Auster (Auster 1991, 101 – Saját fordítás)

A korabeli kritika figyelme a *New York trilógia* kapcsán többek között annak igazolására irányult, hogy megállapítsa, a Barthes-i mű/szöveg kategóriapárból a regény az utóbbival azonosítandó.

Számosan rávilágítottak már arra, hogy a pretextusokból kibontakozó műfaj nem a jelölt és jelölők stabil, visszafejthető kapcsolatára építő mystery (*Poesque*) lesz, hanem a káoszt, a kontingenciát beépítő keménykötésű detektívregény.[48] Ebből az is következik, hogy lezárt, olvasható („readerly"), szimbolikus kódokkal, motívumhálókkal operáló modernista mű helyébe itt a plurális, hálószerű, kombinatorikus, játékba hozandó szöveg fogalom áll (Barthes 1996, 67-74). A hangsúly ezekben a teorémákban a szövegről az olvasóra helyeződik át, a szöveg látványos, hálózatos, hipertextuális felépítése elvonja a figyelmet annak ellentmondásos realizmusáról. A korábbiakban már tárgyaltuk, hogy a keménykötésű iskola realizmusa paradox módon épp az irracionalitással párosult, s arról is volt szó, hogy ez a Dashiel Hammett fémjelezte realizmusigény megfelelő távolságból

---

[48] A „mystery fiction" vagy „whodunit", illetve George Grella elnevezésével „formal detective fiction" jellemzően egy centrum köré épül, P.D. James hősének szavaival a gyilkosságot a négy L szervezi (Love, Lust, Loathing, Lucre), a kulcsok, nyomok teljesen motiváltak, a jelölő másolása elvezet a jelölthöz, ebben a folyamatban a hermeneutikus szakaszokat a motivált kapcsolat időleges, feszültségkeltő elhomályosítása határolja. A jelölők és jelöltek viszonya transzparens, a mystery világa statikus és teljes mértékben motivált. A „hardboiled detective novel" vagy „detective fiction" ezzel szemben centrumától megfosztott, a jelölők és jelöltek viszonya önkényes, és a *différance* játékának kitett. Világa kontaminatív módon kaotikus, az egymástól elkülönült jelölők és jelöltek viszonyát a szemoitikai zaj valamint áthelyezések és félreértelmezések sora szervezi.

miképpen relativizálódik, s válik maga is szövegszerűvé és fiktívvé (vö. Auster felől Poirot semmivel sem valószínűtlenebb alak, mint Sam Spade). A Russell-féle felismerés megáll annál a pontnál, hogy (Barthes és Todorov terminológiájával) a bűntény, a fabula, a történet, illetve a proairetikus kódok, a cselekményt szervező akciókat és a motivációkat jelölő viselkedésmódok dominanciájával szembe állítsa a detekció, a szüzsé, a cselekmény és a hermeneutikus kódok rejtélyes tereit. Ennek értelmében írhatja Alison Russell, hogy „egyetlen, kizárólagos megoldás hiányában a trilógia narrátora illetve beleértett szerzője szabadon választ vagy nem választ a számára hozzáférhető potenciális megoldások közül; szabadon kezdhet új kalandba az ismeretlen lehetőségek új világában" (Russel, 83 – Saját fordítás). A Tani-féle kategóriarendszer alapján Russell dekonstruktív anti-detektívtörténetként azonosítja a trilógiát. Ezt a műfajt a megoldás hiánya, a detektív szemszögéből illékonynak és megragadhatatlannak tételezett világ, a gonosz kifürkészhetetlen összeesküvése jellemzi. Tani, aki példaként Pynchon *A 49-es tétel kiáltásá*t hozza, e műfajt a Poesque mystery hagyományaihoz köti, ahol a szöveg fókuszában a nyom*olvasó* áll, aki számára a megoldás felfüggesztése saját interpretációs, individuációs stratégiáival való szembesülésének esélyét adja.

A posztmodern első hullámának ezen narratív sajátságaival összekötni Auster szövegeit ugyanolyan problematikus, mint szikár stilisztikai eszköztára okán azt állítani a szerzőről, hogy minimalista volna. Az alábbiakban következő szoros olvasatok azt kívánják alátámasztani, hogy a *New York trilógia* metafikcionális anti-detektívtörténet, mely kategorizálás azzal az előnnyel jár, hogy lehetőséget teremt az első tipikusnak mondható Auster-regény és az utána következők közti narratív, esztétikai, episztemológiai, ontológiai kapcsolat kimutatására. Tani metafikcionális anti-detektívtörténetében a konvencionális krimi kellékei alig találhatók meg, az irracionális határterületei kiemelt szerephez jutnak (vö. kaotikus keménykötésű iskola), az olvasóhoz a detektív funkciója, az író funkciójához a gyilkos szerepe kötődik (Tani 25). Tani hangsúlyozza, hogy a dekonstruktív anti-detektívtörténetekből ismerős *Doppelgänger*ek itt is komoly szerephez jutnak relativizálva olvasó és író pozícióit (Tani 132). A metafikcionális ellenkrimiben a világ a szövegek világa, a valóság mindig már fikcionális és mindenekelőtt állandó változásnak van kitéve. A dekonstruktív anti-detektívtörténetben az irodalmi reprezentációt aláássák a teoretikus megfontolások, ám az ezzel egyidejűleg kialakuló új teoretikus tengelyek mentén ismételten megerősítik azt (Tani 145). A metafikcionális ellenpár esetében mind a forma, mind az elmélet instabil marad. Jeffrey T. Nealon mindehhez a következőket teszi hozzá:

> Meglátásom szerint az *Üvegváros* nem annyira az *olvasás* terében meglévő játékkal és lehetőséggel konfrontálódik – melyek a hetvenes évek

posztmodernjének alapkoncepciói –, hanem sokkal inkább az *írás* terének lehetőségeivel/lehetetlenségével, bizonytalanságaival, illetve az elkülönböződésre adott válaszaival. Ha egyetérthetünk Spanosszal abban, hogy a detektív-mint-olvasó kitüntetett területet jelent a posztmodern első hulláma számára, akkor részemről hozzá kell tennem, hogy Austernél a detektív-mint-író koncepciója az amerikai posztmodern próza eltérő felfogásának kitüntetett terepeként szolgál. (Nealon 95)

A műfajiság először is kontextus, olyan szövegek halmaza, amelyek egy bizonyos műfajjal való viszonyuk szerint határozzák meg magukat. A műfaji szabályok a szereplők egymás közti viszonyára, illetve az olvasó és szöveg viszonyára jelölnek ki előfeltevéseket, jelölik ki a kontextust. Amint azt a Tani-mottó és az Alain Robbe-Grillet-idézet korábban megelőlegezte, az Auster szöveget olyan textusként tételezem, amely nem teljesíti a fentiekben megfogalmazott elvárásokat. Mivel az intertextuális hagyomány *előfeltételezi* létét, a műfaj paradox módon funkcionális marad, ezzel olyan szövegtér jön létre, amelyet az írás, az irodalom Blanchot-i értelemben *a priori* tereként jellemezhetünk. A *New York trilógia* esetében a műfaji sajátságok több szinten nem teljesülnek. A posztmodern megelőzöttség lehetőségeit kihasználva, valamint azt, hogy a Poesque-ben rejlő irracionalitás összemosható a keménykötésű iskola gótikus irracionalitásával, Auster regénye a műfajiság (mint előfeltevésrendszer) kérdései felé haladva egyaránt oltja ki mindkettőt amellett, hogy játékban tarja őket. A hard-boiled jelenléte nyilvánvaló [(az *Üvegváros film noire/mystery* képregény-adaptációja is napvilágot látott (vö. Auster 1994)], de a metafikciós anti-detektívtörténet műfaji választásával Auster a dekonstrukciós anti-detektívtörténet előfeltevésrendszerét is megtartja [(hiszen, mint azt Tani osztályozása kimutatta, ez utóbbinak nem egy jellemzője megtalálható a metafikciós változatban (vö. a megoldás hiánya, a percepció kételyei) (Tani 76, 116)], ugyanakkor azáltal, hogy az olvasóról az íróra helyezi át a fókuszt, alá is ássa azokat (a lehetőségek közti szabad játék átadja helyét a radikális kételynek). A teljesületlen premisszák ezek után eluralják a textuális teret, és paradox módon funkcionálisak maradnak, és szövegszervező erőként jelennek meg. Mivel mindez nem vezet az irodalmi kommunikáció teljes összeomlásához (mert a fikció nem léphet fel sem az igazság, sem a hamisság iránt táplált igénnyel), az így keletkezett szöveg aláássa a kommunikációs relevancia normatív voltának elvét (vö. Sperber, Deirdre 119-150).[49] Másképpen: a fikció nem hazudhat, vagyis csakis ~~igaz~~ lehet.

---

[49] Sperber és Wilson axiómája szerint az emberi kommunikáció önkéntelenül a relevancia maximumára törekszik, ezért a diszkurzív jelentéstulajdonítás normatív, így tehát fel is függeszthető. Az irodalmi szöveg relevanciája műfajához kötné a normativitást; Auster *New York trilógiá*ja éppen ezzel az előfeltételezett kontextusfüggő jelölési rendszerrel játszik el.

9.1.1 Üvegváros

Mottó: „Auster detektív/író karaktere különleges lehetőség számunkra, hogy a posztmodern amerikai irodalmon belül némileg különálló indíttatást figyelhessünk meg." Jeffrey T. Nealon (Nealon 95 – Saját fordítás)

Barthes nagyhatású, *A műtől a szöveg felé* címmel (Barthes 1996) publikált munkájának distinkciója (az olvasható, lezárt, szimbolikus, motivikus kódrenszerre épülő mű valamint az írható, nyitott, disszeminatív szöveg között) tematizálódik a protagonista Daniel Quinn szerepében. A kontingenciája referenciapontjaitól megfosztott Quinn számára a modernizmus lezárt egységei nyújtanak vigasztalást. William Wilson álnéven hard-boiled detektívregényeket ír, melyek főszereplője a rettenthetetlen Max Work („remekmű")[50].

> Mivel mindennek, amit valaki lát vagy kimond benne, legyen az bármily csekély, triviális dolog is, köze lehet a történet végső kimeneteléhez, egyetlen mozzanat sem hagyható figyelmen kívül. Minden lényeges; a könyv középpontja bármikor arrébb csúszhat, könnyedén továbblöki bármilyen új fordulat. Bárhol lehet a középpont tehát, s mindaddig nem rajzolható köréje kör, míg a könyv véget nem ér. (Auster 1991, 112)

Ahhoz, hogy a lezárt mű nagy mutatványa létrejöhessen, három Én-re is szükség van. Az első Don Quijote monogramját viselő Daniel Quinn (krimi író), a második a *Doppelgänger* irodalmi archetípusa, William Wilson (mimikri), a harmadik pedig maga a mű, „Work" (krimi).

> A személyiségtrióban Wilson mintegy hasbeszélőként dolgozott, Quinn volt a bábu, és Work a nagy attrakció, a hang, mely a vállalkozásnak értelmet adott. Ha Wilson nem is volt több, mint illúzió, igazolta, szentesítette a másik kettő létét. Ha nem is élt, híd volt, melyen Quinn átkelhetett önmagából Workbe. (10)

Quinn, a rendezetlenséget rendező író számára valójában Wilson utat jelent a káosz és a mű (Work) megnyugtató jelentésessége között. Quinn csodálattal adózik Work előtt, aki Wilsonnak köszönhetően végrehajthatja vakmerő tetteit, elsütheti szellemes kiszólásait, hogy végül elcsábíthassa a végzet soron következő asszonyát. A mű és Work legyőzi hát a káoszt.

---

[50] Vö. A 6.1-es fejezetben a fal mint munka értelmezésével.

Hogy különbséget tehessünk az írás és a mű tere, illetve a köztük hidat verő illuzórikus tér, a *Doppelgänger* között, Maurice Blanchot mű-koncepciójához érdemes fordulnunk.

(1) A mű és az irodalmi mű

> *Mottó*: „Az elragadtatás a magány pillantása, a megszakíthatatlan és a befejezhetetlen pillantása, melyben a vakság még látás, a látás, ami már nem a látás lehetősége, hanem annak a lehetetlensége, hogy ne lássunk [...]." Maurice Blanchot (Blanchot 2005, 18)

Blanchot a mű (work, munka) alapfogalmát kettéosztja, és a megtagadás és átalakítás dialektikájához köti. Megkülönbözteti a mű létrehozásához kötődő és a tárgyak kialakításához szükséges munkát. Az előbbi

> [...] jelentősen különbözik attól a munkától, mellyel létrehozzuk a tárgyakat és előrevetítjük az eredményeket. [...] [E]z a kétféle munka ellentétes, még akkor is, ha egy ponton hasonlóság mutatkozik közöttük, lévén mindkét esetben „átalakulásról" van szó: a világban tárgyakká *alakítjuk át* a dolgokat annak érdekében, hogy megragadjuk, használjuk [...] őket [...]; a képzeletbeli térben a megragadhatatlanná *alakítjuk át* a dolgokat, túl a használaton és az elhasználódáson, nem birtokoljuk, hanem elveszítjük őket abban a mozgásban, mely megfoszt minket tőlük és önmagunktól, midőn bizonytalanná válnak [...]. (Blanchot 2005, 112)

Blanchot-nál a munkával létrehozott mű a történelem mozgatója, így tehát a történelem sem más, mint a megtagadások története. A tagadás által lehetővé tett magasabb szintű transzformáció, szintézis dialektikája csak a fejlődés rendíthetetlen híveit nyugtatja teleologikus ökonómiával.

A tárgyak létrehozására vegyük példánkul a heideggeriánus kalapácsot. Ha az ember dolgozni akar, eszközhasználatra törekszik, össze nem illő dolgokat gyűjt össze (fa, vas), azok természetét megtagadja (a fából nyél lesz, a vasból kalapácsfej), hogy aztán újabb egységbe rendezve azokat, létrehozza művét, magát a kalapácsot mint jelentésegységet. Az irodalmi mű esetében egyszerre hasonló és eltérő a helyzet. Az író is megtagadja a nyelvet annak jelenlévő formájában (torzítja, keretbe feszíti, átalakítja) művészi céljai érdekében. Azonban Blanchot szerint az irodalmi tárgy ellenáll annak, hogy befejezett, tökéletes munkává, művé váljon. A szavak nem hatálytalaníthatók, a szöveg elemeiként mindig jelenlévő módon tanúskodnak arról, ami a mű lehetséges (visszamenőlegesen) korlátozó szándékai szerint kihagyható, kihagyandó lett volna. Az irodalmi tere épp annyira végtelen, amennyire lezárt a Quinn számára oly üdvös mű. Blanchot érvelésében a nyitott irodalmi szöveg nem az elkerülhetetlen vég és a jelentésesség korlátai következtében megtagadott szavakra épülő magasabb szintű struktúra, hanem olyan entitás, mely nem korlátozható, mely ellenáll az egyjelentésűségnek. Az irodalom nem egy a sok, korlátok létrehozta kontextusból, melyek lehetővé teszik teleologikus fejlődést, hanem a zárlat által nem vezérelt jelentésesség folyamatos szubverziója. „Az irodalmi mű tagadja az idő tagadását, tagadja a korlátok tagadását. Így aztán a tagadás semmit sem tagad, végeredményben a mű, amiben a tagadás létre jön, nem válik a transzformáció negatív, destruktív cselekedetévé, sokkal inkább az arra való képtelenség kifejeződése, hogy bármit is tagadjon" (Blanchot 1981, 35 – Saját fordítás).

A lekerekített, lezárt szerkezetekben megnyugvást kereső Quinnnek mindez komoly dilemmát okoz. Nem egyszerűen egy felfüggesztett végű dekonstruktív anti-detektívtörténetbe száműzte őt a távollévő szerző, hanem az írás terébe, az irodalmi térbe is. Amíg Quinn szerzőként szerepel, William Wilson segítségével hatalmában áll a korlátok ökonómiája által uralt kontextusok készítése. A regény indító jelenetében egy véletlen telefonhívás alkalmából valaki Paul Austert, a detektívet (metafikciós anti-detektívtörténetről lévén szó, a szerzőt) keresi (vö. Vághy 470-471). Az a(u)ktor ebben a regényben sosincs otthon, így Quinn a véletlenben lehetőséget lát arra, hogy maga is metafizikus művé (Max Workké) váljon. Hősünk, aki jelölő és jelölt viszonyát transzparensnek, stabilnak tekinti, a cselekmény előrehaladtával egyre inkább képtelennek bizonyul arra, hogy saját maga szereplőjévé (művé, Workké) váljon. A nyelvi jel mint puszta funkcionalitás nem értelmezhető, nem létezik teleologikus cél által motivált kapcsolat nyelv és jelentés közt. Blanchot értelmezésében az alkotó író nyelvi helyzete az a tér, amely legteljesebben ragadja meg azt a diszfunkcionalitást és esélyt, amit a lezárás ígérete híján egységbe nem rendezett, szétszórt, töredezett képzetek hordoznak magukban.

(2) A Don Quijote-paradoxon

> *Mottó:* „A metafikció szóösszetétel előtagjának jelentősége nem abban áll, hogy jelentése „fölött" (ami önmagában is etimológiai anomália), hanem hogy a változásra utal. A metafikció fikció a metamorfózis állapotában."
> William Lavender (Lavender 238 – Saját fordítás)

Az elmében nyíló fehér tér sokasága („White Spaces"), az írás tere majd végképp el fogja nyelni Quinnt, de előbb még egy kitérő erejéig forduljunk vissza William Wilsonhoz, aki – akár csak Max Work – rövid életű lesz ebben a kötetben. William Wilson (mint Black és White) majd a trilógia második részében, a *Kísértetek* címűben kap teret.

Quinn és Work *Doppelgänger*e között a felületet, az átjárást William Wilson, a megkettőződés tiszta absztrakciója biztosítja. Wilson az egyenletben hasbeszélő, apa-figura, au(k)toritás. Alaphelyzetben azt várnánk, hogy Quinn lesz a ventriloquista, Wilson a bábu, akinek szavai Work történetévé állnak össze (a szövegben az Én-triád szerkezete: Wilson > hasbeszélő, Quinn > bábu, Work > hang). Az eltérés azt hangsúlyozza, hogy Quinn csupán addig élhet, amíg az általa kitalált szavak létezést kölcsönöznek neki. Az önmagát figyelő én kettősségének hagyományához képest pedig a hasbeszélő metaforája annyiban mutat különbséget, hogy bevonja a szerzőt is az egók viszonyrendszerébe, így tehát az Én-duóból Én-triót alakít. A hang és a bábu fiktív egységének, mű voltának letéteményese a szerző (W.W.) mint jelölő, aki nélkül a szereplők eltűnnek az írás teréből. A szerző azonban lokalizálhatatlan, lebegő jelölő. Quinn Marco Polo utazásait olvassa, a hitelesítést szolgáló, a történet eredetiségét bizonygató bevezetőt, amikor is hősünk jövendőbeli ügyfele, Peter Stillman Jr. egy téves kapcsolás következtében az Auster Nyomozó Irodát keresve véletlenül felhívja.

Quinn, aki (Paul Auster, a szerző szándéka szerint) tehát maga is Workké, művé akar válni, belemegy a szerepjátékba. Amint Don Quijote középkori lovaggá lépett elő, úgy most Quinn előtt is megnyílik a lehetőség, hogy igazi keménykötésű detektívvé váljon.[51] A téves telefonhívás háromszor is megismétlődik. Első alkalommal Quinn közli a telefonálóval, hogy az Auster nevű entitás (a szerző) nincs jelen. A második hívás a WC-n találja ürítés közben. Quinnt, aki fokozatosan válik majd éhezőművésszé, az átváltozás előtti állapra utaló emésztés (a kontingens szubjektum attribútumaként) megakadályozza énjének feladásában. Harmadszorra azonban Quinn készen áll az újjászületésre. Miközben a hívásra vár, Haydn operáját, *A holdbéli világ*ot hallgatja, és szükségét látja, hogy az alkalomhoz illően meztelenre vetkőzzék. A Hold irracionalitása, a semmi kaotikus, fehér, üres tere metonimikusan jelöli a készülődő átváltozást. A szándékolt, direkt, túlhajtott jelöltség ezekben a jelenetekben egyszerre teremti meg az iróniára jellemző önreflexív távolságot és hozza működésbe a már ismertetett poétikai eszközöket. Csakhogy a poétikai felület egyáltalán nem homogén. Egy dekonstrukciós anti-detektívregényben az anyaszült meztelen

---

[51] A metonimikus kapcsolatot a két hős közt nevük kezdőbetűinek azonossága jelzi. Raymond Chandler, aki szerint a nyomozó a középkori lovagok kései leszármazottja, maga is hasonló játékot játszik, amikor hősét Philip Marlowe-nak nevezi (a kánon Malory: *Le Morte d'Arthur* című munkáját tekinti az első lovagregénynek). A *Blackmailers Don't Shoot* főhőse is Mallory, ahogy a *Big Sleep* egyik magándetektívjének neve is (a második változatban Carmady, végül John Dalmas).

papírhős újjászületésre készen hallgatná Haydnt, a precíz kulturális referenciát, hogy az előtűnő, ezért lebomló kulisszákra irányíthassa az olvasói figyelmet. Ezen a szöveghelyen azonban az önleleplező manézs felbukkanása és szertefoszlása mindössze a csábítás felületét teremti meg (*techné*), ezzel a hiány terei felé vonzza a tekintetet. A Hold itt indexikálisan kapcsolódik a Reznikoffal kapcsolatban felvázolt „szem, ami beszél"-koncepcióhoz.

> A detektív olyan valaki, aki néz, figyel [...]. Lényegében az író és olvasó felcserélhetők egymással. Az olvasó a detektív szemén keresztül fogja érzékelni a világot [...]. Ráébred az őt körülvevő tárgyak valóságára, mintha beszélnének hozzá, mintha a figyelmesség okából, mellyel most egyszerre feléjük fordul, azok egy létük puszta tényén túlmutató jelentést is hordoznának. A *private eye*, vagyis „magándetektív" kifejezés háromrendbeli jelentéssel bírt Quinn számára. Az eye egyrészt az i betű, mely az *investigator*, „nyomozó" helyett áll, de lehetne *I* is, nagybetűvel, az egyes szám első személyű névmás, az életnek a lélegző, fújtató én testébe temetett picike csírája. Az *eye* ugyanakkor az író szeme is, azé, aki kitekint önmagából a világra, aki igényli, követeli, hogy a világ feltárulkozzék neki. (Auster 1991, 12)

Quinn, aki művé akar válni, még nem sejti, hogy valójában a legjobb úton halad afelé, hogy előbb Barthes-i szöveggé szóródjon szét, majd végképp eltűnjön abban a térben, amit Blanchot az irodalmi mű fogalmával kapcsolatban az irodalom terének nevez. Quinn a kontingens szubjektum beviteli és kiviteli tranzakcióinak nyomait eltünteti íróasztaláról (csikkeket, piszkos zsebkendőt, telefirkált cetliket), és a centrumba, az asztal közepére helyezi a piros spirálfüzetet, melytől azt reméli tehát, hogy detektívvé, íróvá, művé változtatja majd őt magát. Mivel azonban a szöveg, melyben létezik, sem feltárható üggyel, sem középponttal, sem a mű zárlatával nem ajándékozhatja meg, a piros spirálfüzet a protagonista létezésének nyomain kívül semmi mást nem dokumentál majd a trilógia három kötetében. Quinn egyik fejezetzáró bejegyzése így szól:

> És végül a legfontosabb: sohasem elfelejteni, ki vagyok. Sohasem elfelejteni, kinek gondolnak engem. Ez már nem játék. Másrészt viszont semmi sem világos. Például: ki vagy? És ha azt hiszed, hogy tudod, miért hazudsz állandóan? Erre nem tudok mit válaszolni. Nem tudok semmit se mondani, csak ezt: Idehallgasson. A nevem Paul Auster. Nem ez az igazi nevem. (44)

Quinn saját története szerzőjeként születik újjá Paul Auster néven, de ezzel csak tovább bonyolítja hármasosztatú énjének (D.Q. > W.W. > M.W.) amúgyis viszontagságos helyzetét. Seymour Chatman, aki Wolfgang Iser narratív rendszerére alapozza az olvasói és írói szerepek létrehozta konstrukcióját, a következő általános sémát vázolja föl (Chatman 376-379):

[írói oldal]   szerző > beleértett szerző > (elbeszélő) >
[olvasói oldal]   < (elbeszélt személy) < beleértett olvasó < olvasó

A Max Work-krimik modern fikcióinak beleértett szerzője William Wilson, aki a szerző Daniel Quinn számára is megteremti a hősével egybeeső beleértett olvasói pozíciót. Ebből a szerepből kíván Quinn extradiegetikus szintre lépve az olvasói pozícióból az írói felé elmozdulni; maga is nyomozóvá készül átalakulni. Megteremtődik tehát egy új történet, egy új protagonista abban a pillanatban, hogy Quinn felemeli a kagylót, és felveszi Paul Auster, a nyomozó alakmását. Ettől fogva kiteszi magát az író, Paul Auster kényének-kedvének, aki a beleértett szerző szerepén át fátumként irányítja hősét. Quinn akarattalan bábuként, öntudatlan automataként megy el az első és egyetlen találkozóra megbízóihoz; úgy tűnik, ismét a hasbeszélő bábujának szerepére van kárhoztatva. [„Úgy látszik, elmegyek itthonról – mondta magában." „Úgy tűnik, megérkeztem – állapította meg magában"(16-17).] A helyzet a későbbiekben többszörösen is bonyolódik. Quinn a történet egy pontján felkeresné a beleértett szerzőt, Paul Austert, a detektívet, ám helyette csak az igazi Auster papír alakmását találja meg.[52] Mivel a regény inherensen a detektív-mint-író koncepcióját használja, Quinn Én-szerkezetének felvázolásához Chatman diagramjának írói oldalát használjuk fel.

$_{író}$ Auster^0 > $_{detektív}$ Auster^1 > (Quinn > Wilson > Work) > $_{papír}$ Auster^2

Ebben a rendszerben Auster^1 volna a beleértett szerző, ő azonban hiányzik a szövegből, pusztán a motiváció (*„primum motor"*) funkciójának absztrakciójaként van jelen. A bábu szájának mozgásából következtethetünk csak arra, hogy mozgatónak is lennie kell. A Quinn/Wilson/Work hármas egység intradiegetikus szinten, a kínai doboz logikájára épülve tükrözi a hasbeszélő elbeszélői szerkezetét. Az önmagánál nagyobb rendszert inkorporáló rendszer *pars pro toto* mintázatára rímelve, a struktúra belső örvényeként létrehozza a regresszió és progresszió *ad infinitum* mozgását. Ez a belső, magszerű strukturális űr biztosítja, hogy a narratív szerkezet írói és olvasói oldala felcserélhetővé, eldönthetetlenné váljon. A bonyodalmak ezzel azonban még korántsem értek véget. A figurális, egyes szám harmadik személyű elbeszélésben az első kötet végén váratlanul megjelenik Auster^2 egyes szám első személyű barátja. Auster^2 neki adja át a Quinn után

---

[52] Természetesen a papír-Auster életrajzi körülményei megegyeznek a szerzőével. (Feleségének, gyermekének neve, a lakhely…) (Vö. Vághy 470-471.)

nyomként megmaradt piros spirálfüzetet, állítása szerint ő maga a narrátor, aki visszafejti Quinn feljegyzéseit, s aki Marco Polo hitelesítő eljárását idézve ezt mondja: „Igyekeztem megtenni, ami tőlem telt, a belemagyarázásoktól viszont következetesen tartózkodtam" (112).

A szerkezetben kódoltan eddig is több ponton fellelhettük a végtelen hatását. Auster² léte kioltja Auster¹ létezésének lehetőségét, az E/1-es elbeszélő állításának pedig ellentmond, hogy a narráció mindvégig Quinn fokalizált perspektívájából láttatja az eseményeket. Auster barátjának konstrukciója tehát egyaránt köthető a protagonistához, de tekinthető beleértett szerzőnek is, aki megfeddi Auster²-t annak renyhe nemtörődömségéért.⁵³ Az eldönthetetlenség ezúttal nem végtelenít, hanem invertál. Elegendő Chatman rendszerének írói oldalát felvázolnunk, mivel az átfordíthatóvá válik az olvasói oldalra vonatkoztatva. A regényben kódoltan feltalálható egy, a saját elbeszélői szerkezetét értelmező narratív *mise-en-abyme* – a regény láthatóan maga is állást foglal a narrátor megállapításának kérdésében. Quinnek (akit Michael Saavedra ajánlására hív fel Stillman), mikor felkeresi Auster²-t, alkalma nyílik, hogy meghallgathassa az író készülő esszéjének alapötletét, mely a Don Quijote szerzőségét feszegeti. Auster² szellemi műrepülésének konklúziója az, hogy a regényt Cid Hamete Benengeli név alatt maga Don Quijote írta az írástudatlan Sancho Panza szavait feljegyző borbély és pap tollával. A szöveget Sansón Carrasco, a diák arabra fordította, később Cervantes megtalálta a fordítást, majd magával az álöltözetben lévő Don Quijotéval visszafordíttatta. A modell a modellben sémáját követve a szöveg végén föltűnő egyes szám első személyű narrátor e paradox mozgás értelmében azonosítható Auster² *Doppelgänger*eként (E/3 versus E/1), a saját regényét író protagonista Quinnként (Don Quijote), a beleértett szerző funkciójaként (az Auster¹ elliptikus szereplőbe ágyazva) illetve a körkörös viszonyrendszer lezárásaként az író Auster⁰-val is. Az intratextuálisan, a szöveg belső tükröződési rendszerén belül sokszorozódó szerzők Jablonczay Tímea megállapítását erősítik: „az *Üvegváros* és a *Don Quijote* között az egyik legfontosabb intertextuális kapocs a szerzői metalepszisen" (vö. Genette 2006) keresztül valósul meg (Jablonczay 2006, 120).

író Auster⁰ →detektív Auster¹ → (Quinn > Wilson > Work) →papír Auster²→E/1

---

⁵³ Az első kötet záró mondatai így hangzanak: „Ami Austert illeti, meggyőződésem, hogy nagyon csúnyán viselkedett. Egyedül önmagát hibáztathatja, hogy barátságunknak végeszakadt. Magamról végül csak annyit: gondolataim örökre Quinnel maradnak. Mindig ott lesz velem. Bárhová tűnt is, vezérelje szerencse" (132). Ezek a kijelentések mind Quinn, mind Auster² *Doppelgänger*étől származhatnak.

William Laveneder, aki a fentiektől eltérő, hasonlóan komplex rendszert vázol fel, az olvasói oldallal kapcsolatban a következő megállapítást teszi. „Eltűnődhetünk, hogy a két oldal [az olvasói és az írói] közti distinkció egyáltalán fenntartható-e, hogy az olvasói rétegek nem olvadnak-e bele az írói szintekbe" (Lavender, 223 – Saját fordítás). Az olvasót nem egyszerűen a beleértett olvasói pozíció hívja meg a szöveg terébe, hanem az egymást kioltó, de egymásra utaló narratív pozíciók *pastiche*-ának végtelen regressziója és progressziója. Az olvasó immár Quinnel együtt mondhatja el magáról: „A nevem Paul Auster. Nem ez az igazi nevem" (Auster 1991, 44).

Az identitás kérdései ebben a szövegben a textualitás kérdéseihez vezetnek el; aláássák a szerző, a narrátor és az olvasó megkülönböztetésének ontológiai alapjait. A szöveg drámája abból a játékból táplálkozik, amit a regény a karteziánus Én-nel kapcsolatos alapvető tévképzetekkel űz, miszerint a cselekvést megelőzi egy cselekvő (az Én a narratíva okozója, nem pedig beleértett produktuma); hogy a szándék és a gondolat megelőzi a nyelvi kifejezést; hogy a nyelv semleges és transzparens viszonyban áll az általa létrehozott jelentéssel. Az Én különbözőségekben fellelt azonossága az egymásnak ellentmondó tapasztalatok fluxusát keretbe szorító történet terméke, ám ennek a történetnek nem az igazság, hanem a narratív láncolat adekvát volta a kritériuma. Az önmegismerés tehát olyan intellektuális teret hoz létre, melyben az igazság és a fikció közti különbségtétel összeomlik. A posztstrukturalista teorémák ezen általános megállapításainak további folyománya az aporetikusság. Amennyiben az „igazi" önmegismerés lehetetlenségét állítjuk, mi garantálja ezen utóbbi állítás igazságértékének fenntarthatóságát? Ha tehát az igazság transzcendens biztosítékáról lemond egy szöveg, olyan paradox pozíciót foglal el, mely koherens támadást intéz maga ellen a koherencia, egyben önmaga ellen is. A szöveg erőfeszítéseket tesz azon állítás igazságfeltételeinek megalapozására, amely szerint az igazságfeltételekre alapozott bizonyítás elérhetetlen. Ily módon a szöveg (és az olvasó) drámája az önmegismerés lehetetlenségének a drámája. Auster *A magány feltalálásá*ban Rimbaud-t idézi: „Je est un autre" (Auster 1982, 124). Az önmegismerés eleve kudarcra ítéltetett, a félelem, az erőszak és a radikális kétely elbizonytalanító erejét azonban fölülírja a szöveg létezésének ténye. A megismerés aktusának tétje nem annak sikerességében vagy kudarcában áll, a tét maga a történet. Olvasó, szerző és szereplő azonosságának *pastiche*-sá formált terében az veszít, aki előbb adja fel az írást. A regény folyamatának ezen résztvevői „meghalnak abban a pillanatban, hogy jelölőik eltűnnek a nyomtatott oldalról" (Russell 75 – Saját fordítás). „A piros spirálfüzet utolsó mondata így hangzik: Mi lesz, ha elfogy az utolsó papiros is a piros spirálfüzetből?" (Auster 1991, 131).

(3) Szemiózis és műfajiság

> *Mottó(1):* „A szöveg a *déjà vu* végtelen textusába ágyazott szövet vagy hálózat." Carl D. Malmgren (Malmgren 1987, 22 – Saját fordítás)
>
> *Mottó(2):* „A jelen iránti nosztalgia." Paul Auster (Auster 1982, 76 – Saját fordítás)

„Egy széthulló műfaj hagyományai paradox módon működőképesek maradnak" (Tani 43) – idéztem ebben a szövegben többször is. Ezt a műfajelméleti paradoxont eddig történeti (vö. az ellentétes konstruktív elv dialektikája), episztemológiai, ontológiai, esztétikai (vö. Blanchot-nak a lehetséges világokat megelőző írástér fogalma), valamint befogadáselméleti (vö. a műben kódolt Én-szerkezetek) kérdések járták körül. Az *Üvegváros* szövegében azonban szerepel két olyan párbeszéd (az elsőben Daniel Quinn ifjabb Peter Stillmannal, a másodikban annak édesapjával beszél), amely a szemiotikát is bevonja azon elméleti diszciplínák körébe, amelyekre a szöveg folyamatosan épít, és amelyekből ugyanakkor rendre gúnyt is űz.

(4) A gótikus-metafikcionális anti-detektívtörténet

Hagyományosnak tekinthető álláspont, hogy egy műfajt saját konvenciói és az azokat követő szövegek kontextusa határozzák meg (vö. Todorov 1975). Ebben a kérdésben kritikusok és írók különösen egyetértenek, ha populáris kultúráról és azon belül is a ponyváról van szó, ahol a cél csakis a műfaj újabb reinkarnációjának létrehozása lehet. A definíció tautologikus, önkényes volta előreveti a műfaj szubverziójának mindig már jelenlévő lehetőségét. A műfaj önazonossága egy előfeltevésre épül, miszerint az adott műfaj létezik, vagyis a zsánerművek, melyek utólagosan felállított szabályrendszereknek felelnek meg, maguk alakítják azt a kánont, amely kontextusként a műfajt annak velejáró normáival együtt eleve meghatározza. Bex általánosan elfogadott véleményt fogalmaz meg, amikor azt állítja: „Az írók azért követik a műfaji konvenciókat, mert arra törekszenek, hogy szövegüket egy bizonyos műfaj jelentéseihez kössék, s hogy így az olvasók, akik korábbi olvasmányaik során már megismerték ugyanezeket a hagyományokat, elértsék szándékaikat" (Bex, 176 – Saját fordítás).

Raymond Chandler A. A. Milne-ét kritizálva pedig így ír a mystery műfaj formális követelményeiről:

Lehet a történet bármily könnyed, csak az számít, hogy megoldandó logikai feladatot jelentsen. Ha ezt nem képes elérni, nem ért el semmit sem. [...] Hiába hiányzik a megoldandó feladatból a valószerűség vagy a valószínűség, mindez semmi fennakadást nem okoz. Ha azonban a logika illúzióvá foszlik, többé nem létezik semmiféle megoldás. (Chandler 4)

A keménykötésű iskola a „suspension of disbelief" irracionális racionalizmusát követi. Az adott lehetséges világ belső, koherens logikája választ adhat minden *fantasztikus* elemre pusztán azért, mert önmagához képest következetesen épül fel. Ez egy lezárt mű definíciója, melyben „[b]árhol lehet a középpont tehát, s mindaddig nem rajzolható köréje kör, míg a könyv véget nem ér" (Auster 1991, 12). Tzvetan Todorovnak a *fantasztikus* irodalomról megjelent kötetében (Todorov 1975) a *fantasztikus* műfaján belül egymást határoló egységekként különíti el az *uncanny* (*unheimlich*) és a *marvelous* [csodás] alműfajait. Míg a *marvelous* a magyarázat nélkül elfogadott természetfölötti fantasztikumát jelenti (az olvasónak ismeretlen, új természeti törvényekkel kell számolnia), addig az *uncanny* a természetfölöttire magyarázattal szolgál, értelmezési lehetőségeket ajánl fel (az olvasó az általa ismert világon belül értelmezheti a váratlan eseményt).

Az ebbe a műfajba [*the uncanny*] tartozó művek olyan eseményeket ábrázolnak, melyekre van ésszerű magyarázat, s melyek mégis, megfoghatatlan módon hihetetlenek, rendhagyók, döbbenetesek, egyediek, felkavaróak és váratlanok; olyan epizódok, amelyek a *fantasztikus* műfajából ismerős reakciókat váltanak ki a szereplőkből és az olvasókból egyaránt. Ez a meghatározás meglehetősen általánosnak és homályosnak tűnhet, de hát maga a műfaj is ilyen. Az *uncanny*, nem úgy, mint a *fantasztikus*, korlátozott műfaj. Pontosabban csupán egyetlen oldalról korlátozott, a *fantasztikus* oldaláról, a másik oldal nyitott az irodalom általános területei felé. (Dosztojevszkij regényei például besorolhatók az *uncanny* műfajába.) Freud szerint az *uncanny* (*unheimlich*) élmény egy olyan képzet felszínre kerüléséhez köthető, mely az egyén vagy a faj gyermekkorában gyökerezik. (Todorov, 1975, 36 – Saját fordítás)

Az *uncanny* olyan *fantasztikus* műfaj, amely saját terén belül tartja a természetfölöttit, olyan, amely fenntartja saját irracionalitását. A *fantasztikus* és az *uncanny* közti korlátozó kapcsolat, határ egyben létrehozza azt a műfaji nyitottságot, amit Todorov is leír. A *New York trilógia* folyamatosan változó, alakulásban lévő műfajisága éppen ebben a kettőzöttségből eredő nyitottságban találta meg a formát. Stefano Tani osztályozását újabb előtaggal megtoldva a trilógia pontos meghatározása a fentiek értelmében leginkább a gótikus metafikcionális anti-detektívtörténet elnevezés lehetne.

Az *uncanny* alműfajként a *fantasztikus* műfajának freudi értelemben vett *unheimlich* élménye önnön magáról, saját gyermekkorából. Ha egy strukturális áthelyezéssel kiterjesztjük a *fantasztikus* műfaját a műfajiság (episztemológiai) fantasztikumára, visszatérünk az előfeltételezett műfajiság *a priori* státuszának problémájához. A *fantasztikus* és a *marvelous* műfajaitól az *uncanny*t az a jellegzetessége különíti el, hogy a műfajiság fenomenológiájára, a műfaj előfeltételrendszereire utaló kérdéseket tematizál. Az *uncanny* a műfajiság eseményekben feltörő emlékezete az írás szöveget megelőző teréről, nyelvi megelőzöttségéről, a műfaj csak kontextusban létező azonosságáról. A kontextus nélküli, furcsa, nem otthonos (*unheimlich*) jelenségek ellenállnak az értelmezésnek, a kogníció önkéntelen mechanizmusai mégis mind újabb és újabb kísérletet tesznek, hogy az idegent otthonossá tegyék, hogy a jelölőhöz kontextust találjanak, illetve teremtsenek. Az olvasó arra kényszerül, hogy egymás után feladja rendelkezésre álló stratégiáit, ami azonban paradox módon nem vezet el az irodalmi kommunikáció teljes összeomlásához.

Mivel a relevancia elvét (vö. Sperber és Wilson) alapfeltevésként érvényesítő olvasót teljesületlen előfeltevésrendszerek akadályozzák a dekódolásban, a jelentéstulajdonítás folyamata a szöveg kontextualitásának metafikcionális terébe helyeződik át. Az olvasó – függetlenül attól, hogy képes-e az *unheimlich* elemekhez kontextust rendelni vagy sem – az olvasás folyamatában lemondani kényszerül a relevancia maximalizálásának működtetéséről. Miként Daniel Quinn számára fokozatosan eltűnik az objektum és szubjektum közötti határvonal, úgy kerül át az éhezőművész-olvasó az írás fehér terébe. A saját műfajiságát egyszerre fenntartó és aláásó műfaj a kérdések könyvét hozza létre. A folyamatos metamorfózis állapotában tartott műfaj a benne konstituálódó szubjektummal együtt eljut a lebegő jelölők kontextus nélküli fluxusához. Ezt a teret jellemzik a korai regények poétikus címei: *A véletlen zenéje, A végső dolgok országában*.

Az *uncanny* a *marvelous* alműfajával ellentétben nem a lehetőségek szabad játékához vezet el[54], ellenkezőleg, magába zárja a természetfölöttit, formába feszíti az irracionálist. Todorov szerint az *unheimlich* élmény magának a határ áthágásának az élménye (37-38). A fikció jelölőinek dekódolásában a maximális relevancia elve értelmezhetetlenné válik. Az *uncanny* műfajában a relevancia-szerkezetek folyamatos és progresszív áthágásával az olvasó saját (műfajra jelölt) jelentéstulajdonító mechanizmusait működtetve eljut azok felfüggesztéséig, miközben sem a műfajon belüli, sem a műfajra magára vonatkozó szabályrendszerek léte nem kérdőjeleződik meg. Az olvasás aktusának individuációs folyamatában lehetővé válik a szemiotikus levitáció hatása; a kontextuális jelentésüktől, koherenciájuktól megfosztott tárgyak megfigyelője a hiányt szemlélve megtapasztalja a szubjektum

---

[54] Ebben az értelemben tehát Pynchon dekonstrukciós anti-detektívtörténete (Vö. *A 49-es tétel kiáltása* felfüggesztett zárlatával) a *marvelous*, míg Auster *New York trilógiá*ja az *uncanny* alműfajával mutat hasonlóságot.

azonosságának/különbözőségének *unheimlich* élményét. A még létező/már nem létező műfaj határa generikus *fissure*-t nyit, amelyben az olvasók kontextusfüggő olvasatai, akár az idősebb Stillman törött, használhatatlan esernyője, bár funkciójuktól és diszkurzív, illetve szemiotikai helyiértéküktől megfosztottan, mégis léteznek. A nyomozó nem göngyölíti fel a bűncselekményt, hisz az sosem létezett, ám a könyvet valaki azért éppen olvassa. Ebben az anorexiás folyamatban a káprázattá szóródott Valós igézetében saját árnyékává soványodott, csupán nyomaiban létező papírolvasó feladhatja pozícióját, lemondhat a kontextusról, hiszen elkerülhetetlenül mindig már benne van. (Ezt a mozzanatot a *Holdpalota* cselekménye is visszhangozza.) A másik lehetőség, ami végeredményben ugyanez (és ami Quinn esetében is történik), hogy az olvasó és író – nyelvi jelölőitől megfosztva – végül is eltűnik a nyelven kívüli semmiben.

Az *uncanny* szükségszerűen támadást intéz önnön műfajisága ellen, miközben elkerüli a végső összeomlást. A műfaj lebegő jelölőként ellenáll a negáció normativitásának, éppen mert lokalizálhatatlan szövegként határozza meg önmagát. Az *uncanny* mint saját (a *fantasztikussal* érintkező) határait járó műfaj, miközben darabjaira hull, egyre jobban emlékeztet önmagára, egyre határozottabban teljesíti be a saját műfaja iránt támasztott elvárásokat. Pusztulása és a pusztulásban megerősödő *unheimlich* jelenlét olyan paradox fluxust állít elő, melyben a széteső műfaj hagyta hiátusokat az olvasó előzetes (a zsánerről szerzett) ismereteivel töltheti ki. Minél nagyobb a hiány, annál több „kötőszövegre" van szükség. Az így az olvasóból kicsalt generikus asszociációk játékba hozhatók, de ki is játszhatók.

A szubverzió lehetőségét egy stabilként tételezett kontextus teremti meg. Todorov *A detektívregény tipológiájá*ban a populáris regiszter remekeit a műfaji követelményeknek leginkább eleget tevő alkotásokként határozza meg: „A populáris irodalom számára a mesterműveket éppen az olyan könyvek jelentik, amelyeknek a legnagyobb mértékben sikerül alkalmazniuk a műfaji szabályokat. [...] A *par excellence* »whodunit« ahelyett, hogy áthágná, megszegné a műfaji szabályokat, éppen azok kiszolgálására törekszik" (Todorov 1977, 43 – Saját fordítás).

A populáris műfajok, melyek determináltak, folyamatosan azzal a veszéllyel küzdenek, hogy önnön paródiájukká, túldeterminálttá ne váljanak. Különösen áll ez a *fantasztikusra* és határterületeket járó alműfajaira. Christine Brooke-Rose ekképp határozza meg a túldetermináltság fogalmát az irodalomban:

Egy kód akkor túldeterminált, ha a rá vonatkozó információ (narratív, ironikus, hermeneutikus, szimbolikus stb.) túlságosan is világos, a szükséges tudást meghaladóan túlkódolt. Így egyfelől maga az olvasó is túlkódolttá válik, szerepe a szövegben dramatizálódik: például „nyájas olvasóként" külön karaktert kap; másfelől azonban a szöveg mindent

szájába rág az ostoba, kritikán aluli (hypo-krita) olvasónak. (Brooke-Rose
106 – Saját fordítás)

Brooke-Rose-nak a túldeterminált karakterre vonatkozó megállapításait
kiterjesztve magát a konklúziót is a műfaj fogalmára vonatkoztatom.
Brooke-Rose arra a következtetésre jut, hogy minél inkább könnyeddé,
önmagát adóvá, közhelyessé válik egy tematikus olvasat, annál
szubverzívebb. Mivel a műfaji szabályokat a kópiák, fenomének, vagyis az
egyes regények már túlbeszélték, kár is rájuk szót pazarolni[55], hiszen minden
magától értetődő. Az *uncanny*-ben a műfajiság szellemként kísérti ezt a
gótikus műfajt, amely sorsként űzi, hajszolja a szöveg határvidékein kóborló
főhőst. Daniel Quinn sorsa a keménykötésű stílben írandó lezárt mű, de ez
a sors transzparens, átlátszó, mert túldeterminált, és transzparens a szó
másik értelmében is, amennyiben áttetsző, láthatatlan felületként ellenáll a
megfigyelő tekintetnek. Daniel Quinn túldeterminált sorsa kimeríti
meghatározottsága alapjait. Quinn lassanként a történet kezdetét megelőző
tér messziségébe tűnik, miközben ő maga meg van győződve róla: vakon
követi sorsát. A következő idézet arról tanúskodik, hogy a játékból kiszállni
képtelen Quinn tisztában van vele, nem egy lezárt (olvasható) mű, hanem a
Barthes-i szöveg része. Mégis, éppen mert szerepe túldeterminált, ez a
belátás újabb motivációt jelent, hogy végre lezárja a Stillman-ügyet. A
történetnek ezen a pontján a műfaj összes előfeltétele megdőlt (nincs ügy,
nincs bűntény, nincs elkövető, sem áldozat), Quinn azonban a szöveget
(amely fokozatosan az írás terébe száműzi) mégis műként olvassa.

> A sors nem engedi, hogy közölje Virginiával dezertálási szándékát. [...]
> Valóban „sors"-ra gondolt? [...] Sors, a látszólag véletlen események
> mögött meghúzódó sorsszerűség értelmében. Ugyanilyen borzadállyal
> töltötte el mindig, amit például az „Esteledik" kijelentő mondat valódi,
> mondattanilag ki nem fejezett alanyának vélt. Miről állítjuk, hogy
> esteledik? Esetleg a dolgok általános állapotáról, mint olyanról; az örök
> jelenről, mely a világ valamennyi történésének a talaja. Quinn nem tudta
> pontosabban meghatározni azt a bizonyos „sors"-ot. De lehet, hogy
> igazából nem is keresett semmiféle konkrét definíciót. (Auster 1991, 112)

A sors itt a szerzői intenció, a műfaj káprázata. Todorov a hetvenes
években azt írta, „korunkban a kísértettörténeteket felváltják a krimik"
(Todorov 1975, 38 – Saját fordítás). Auster poétikai invenciója, hogy a
krimit kísértettörténetekkel, a hiány történeteivel cseréli fel. A
túldetermináltság a kontextusok végtelenszámú kapcsolódásának

---

[55] Brooke-Rose az „it goes without saying" kifejezést használja, ugyanazt, amit a *The Invention of Solitude*-ban Auster például hoz az írás terében kifejeződő kontextuális megelőzöttségben rejlő ellentmondásokra.

lehetőségére jelöl, az erre való kódoltság a polaritás másik oldalán a fenntartható hiány maximumát eredményezi. A befejezetlen mű, a töredezettség, a fragmentumok, fraktálok koncepciói helyett e hiány leírására Malmgren már tárgyalt „lakunikus szöveg" terminusát kívánom felhasználni (Malmgren 1987, 22). Malmgren John Barth *Bolyongás az elvarázsolt kastélyban* című regényének befejezetlen kifejezéseit, félkész hasonlatait, főmondat nélküli mellékmondatait értelmezve ezt írja:

> A befejezetlenség magába zárja a nem tételezett lehetőséget. [...] A lakunikus szöveg, mely paradox módon teljes és töredezett, megkívánja az olvasónak (a szöveg megalkotójának) tevőleges részvételét a szöveg befejezésében, de ugyanakkor eleve ki is zárja a részvétel lehetőségét (merthogy nem létezik tér a szöveg és a mondatvégi pont között). A lakunikus szöveg egyszerre létező és nem létező hiányként jelenik meg. [...] Adódik a kérdés, hogy vajon a [csonka] szöveg az alakzat felforgatásával egyszerűen csak stilisztikai hatásra vagy a reflexivitás által az olvasó képzeletének megmozgatására törekszik, netán a színtiszta igazság fiktív voltát hangsúlyozza, illetőleg homályosan arra utal, hogy a szöveg létrehozója ismeri a kiutat a fikció labirintusából. A lakunikus szöveg elveti mindezeket a lehetőségeket. Egyszerre állítja saját tehetetlenségét, és az olvasó képtelenségét arra, hogy betöltse a hiátusokat. (Ibid. – Saját fordítás)

Ez a képtelenség nem különbözik Brooke-Rose kritikán aluli olvasójának tehetetlenségétől. A történet mindig korábban kezdődik. A felütés folyamatos regressziója[56] kódolja az olvasás folyamatának örökös visszatérését az írás teréhez: „Quinn most már végképp nem volt sehol. Ott állt üres kézzel, nem tudott semmit. Tudta, hogy nem tud semmit. Ugyanott tartott, ahol a kezdetek kezdetén, sőt: még ott sem. Még a kezdeteknek is annyira előtte volt, hogy nem tudott elképzelni befejezést, mely ennél rosszabb lehetne" (Auster 1991, 104).

A műfajiság kérdése, mely elvezetett az írás teréhez, a szubjektumon át is ugyanehhez a térhez visz.

> Baudelaire: Il me semble que je serais toujours bien là où je ne suis pas. Vagyis: Nekem úgy tetszik: mindig jól érzem magam ott, ahol nem vagyok. Magyarán: ahol nem vagyok, ott vagyok magam. Más szavakkal, keményebben: Bárhová, csak kívül a világon. (111)

---

[56] (Vö. „A történet mindig korábban kezdődik.") „Az előtűnés eltűnése kísértetként jelenik meg, mert nem a vég bekövetkeztét jelenti, a halasztódó vég álcája mögött sokkal inkább az a felismerés történik, ismétlődik meg újra és újra, hogy a kezdet kijelölhetetlen, hogy az erre irányuló valamennyi erőfeszítés eleve lehetetlen és kudarcra ítéltetett" (Blanchot 2005, 47).

9.2 ...ÉS AMI AUSTERNEK NEM ZSÁNERE

Mottó:
„S.G.: Bizonyára vegyes érzelmekkel fogadta,
hogy – legalábbis eleinte – gyakorta emlegették
önt krimi íróként.

P.A.: Időnként valóban terhemre volt. Nem
mintha bármi kifogásom volna a műfaj ellen,
egyszerűen csak nincs sok köze a
könyveimhez. [...] A *mystery* válaszokról szól, a
regényeim ezzel szemben kérdésekről."
(Auster 1995, 139 – Saját fordítás)

Az *Üvegváros* három dialógusának szoros olvasatával kívánom igazolni, hogy
a regény nem dekonstrukciós anti-detektívtörénet, valamint hogy az Auster-
szöveg szövete már az életmű kezdetén milyen mértékben „austere"[57]-nek
bizonyul, annak ellenére, hogy a *New York trilógia* teljes megjelenésével
világszerte évtizedekre vált a dekonstrukciós teoretikus lakomák egyik
ínyenc fogásává. A regény néhány lokálisnak tűnő narratív megoldását
vizsgálva kiderül, hogy azok valójában a szövegalkotás *techné*jének
megjelenési formái, és a közöttük fellépő dinamika olyan stílusalkotó erő,
mely végső soron Auster sajátos regénytípusának letéteményese. Ezt a
stílust – mint arról már szó volt a *New York trilógia* esetében – gyakorta
szokás azzal azonosítani, amit Stefano Tani „anti-detektívtörténetnek"
nevezett el (vö. Tani 35). Auster későbbi regényei cáfolni látszanak ezt a
meghatározást, annak ellenére, hogy a közös vonások jelenléte
tagadhatatlan. E prózának – a beépített bonyodalmaknak köszönhetően –
legfeljebb kitartott *de*-fíníciója (*még*-határozása) lehetséges. Bármily
megnyugtató is, ha címkét aggatunk rá, az idővel megsárgul, alatta az enyv
kiszárad és a vignetta lepereg.

A populáris regiszterbe sorolt művek feltáruló értelmezési keretei
(különösképp a mítoszkritika játszott ebben jelentős szerepet)
megteremtették ezen műfajok kiterjesztésének, felhasználásának lehetőségét.
A szalonkrimi („whodunit"), miután új műfajoknak adott életet, érett
asszonyként éli másodvirágzását. Az orvoskrimikben például ledér dívaként
arat osztatlan sikert azzal, hogy összeáll az orvosregénnyel. (A többek
között Dr. House képviselte átmeneti műfajban a gyógyítás Sherlockja még
a gyilkosság bekövetkezte előtt lefüleli a tettest: egy rejtélyes, ritka
betegséget.) De gyermekei is hasonló afférokba bonyolódnak, a kemény

---

[57] „Austere *mn* 1. a) szigorú, kemény, zord, barátságtalan b) szigorúan egyszerű, dísztelen,
mértékletes (étkezés), önmegtartóztató, aszkéta, puritán" (Országh és Magay, 91).

(„hard-boiled") krimi élő klasszikusát, Elmore Leonardot Tarantino hasznosítja újra (*Jackie Brown*), de a kémregény („*espionage*") sokszor beharangozott halála is várat magára. Ám míg Ken Follett vagy Ian Fleming életművén parazitaként élősködik az újonnan megteremtődött hagyomány, addig Gardner és LeCarré nemhogy nem ódzkodik a parazitáktól, éppen ellenkezőleg, kifejezetten épít rájuk.

Bár az azonosság kérdését felvető krimi irodalma hatalmas, és Lacan híres szövegének megjelenése óta Edgar Allen Poe *Az ellopott levél* című novelláját a legcélravezetőbb idézni (Lacan 1973, 39-72), én most mégis hadd tegyek egy kis kitérőt az *espionage* irányába. Egy ártatlan kémsorozat tipikus és közhelyes epizódja a remekműveknél plasztikusabban illusztrálhatja, hogy az értelmezés kényszere a műfajiság kontextusában miként hozza játékba a narratív egységeket. Az idézett epizód annyiban legalábbis „Poe rémtörténeteihez hasonlítható, ahol a rejtély és a történet átírása lélektani szintre a Poe-kritika legkedvesebb elfoglaltsága [...]"(Bényei 27), amennyiben a sorozatban rendhagyó módon tematizálja a metafikcionalitást. Érdemes megnézni, mi történik, ha egy népszerű sorozat epizódjának egy jellemző jelenetét lélektani szintre emeljük.

Az *Angyal* című tévésorozat *The Fiction Makers*[58] című részében (tévéfilm: 1968, r: Roy Ward Baker) a gonosz Warlock a kémet és gyönyörű védencét egy hiperbiztos high-tech luxus cellába zárja, ahonnan egyszerűen lehetetlen megszökni. Az ajtón nincs semmilyen zár, a bútorok nem mozdíthatók, a felületek ridegek és simák. S ha mindez még nem lenne elegendő, a szobában történteket folyamatosan rögzíti egy videókamera is. Ebben a sarokba szorított helyzetben a főhősnek nincs lehetősége, be kell lépnie fogva tartója világába, nyelvének grammatikájába, hogy belülről, immár saját céljai szerint manipulálhassa, ássa alá a rendszert. *Fel kell forgatnia* mindent a megoldás kulcsáért, máskülönben vége neki és szépséges társnőjének is. Vagyis *az értelmezés élet és halál kérdése.* A szokásos kütyük ezúttal használhatatlannak bizonyulnak, nem úgy a pszichoanalitikus interpretáció. Hősünk végighordozza tekintetét a dizájnon, felismeri a benne rejlő struktúrát, megvan az átjárás, kezében tartja a szabaduláshoz szükséges valamennyi kulcsszót és kódot. Már csak az akció várat magára. A kém agyán átvillan a szoba és a személyiség közti szimbolikus, valamint a kamera objektívja és a felettes én közti indexikális viszony, s megérti, hogy ő maga úgy áll ott, mint élő felkiáltó jel: a tudatos ikonja. A rendszer gyenge pontja nem lehet más, csakis a tudattalan. Irány az ösztönélet. Magához vonja hát vonzó partnerét, és – utánuk az özönvíz – egy szívtiprótól amúgy is kötelező szenvedélyes csókzápor vigaszába merülve Roger Moore [az

---

[58] A hatodik évad dupla, 11-12-es epizódja, mint címe is jelzi („Történetszövők"), metafikcionális történet, amelyben a férfi álnéven publikáló írónő bőrébe bújva védelmezi hősünk a bájos szerzőt saját regényének szereplőitől (mármint a szereplők nevét viselő gonosztevőktől.)

Angyal, aki kémként Amos Kleint (vö. „Max Klein") játssza, valójában egy bajbajutott írónő felvett férfi alteregóját] öntudatlanul behátrál a lánnyal a sarokban álló szekrény oldalához. A szuperego objektívja megszokhatta már, hogy a tudattalan kiesik a képből, a kamera látószöge a szobának ezt az egyetlen részét nem fogja be. Ebben a vakfoltban a nagy testvér számára nem léteznek tovább. A kém, aki azonosságát a leleplezendő ellenfelével alkotott dichotómiában nyeri el, ebben a pillanatban megszűnik létezni: elszökött.

Természetesen, hogyha a fenti jelenetet egyszerű, hagyományos kémepizódként nézzük, és nem erőltetünk rá pszichoanalitikus interpretációt, a megnyugtató zárlat sem marad el. Az ügyeletes a monitorra pillantva észreveszi, hogy üres a cella, riasztja az őrt, aki belép, Moore leüti, az ajtó tárva-nyitva, a kém és bájos védence meglépnek. Az *espionage* irányába tett rövid kitérőben hozott értelmezésben két olyan mozzanat volt, amit tipikusnak tekintek a dekonstrukciós anti-detektívtörténet esetében: a kódok, a jelentés, a rejtély megfejtésének kulcsai, illetve az azokra vonatkozó értelmezési kényszer. Az idézett epizód dekonstrukciója tehát éppen a rejtély/rejtvény megoldását fogja ellehetetleníteni, hősünk számára a szabadulás egyetlen útját az jelenti, hogy a jelentést keresve immár az entrópia törvénye szerint szóródjon szét, disszeminálódjon a fikcionális térben.

Mint arról az Auster-recepció értékelésénél már szó volt, a szerző számos kritikusa a jelentés elhalasztódásának föntebb vázolt mechanizmusát alkalmazta a *New York trilógia* esetében. A dekonstrukciós anti-detektívtörténetben a disszemináció a narratíva játékterében lezajlódó folyamat. Azonban amennyiben metafikcionális térbe helyezzük a narratíva elemeit, azok óhatatlanul játékba bonyolódnak egymással, s ez a játék kitermeli az interpretáció fekete lyukait, csapdáit. Bármilyen középpont köré csoportosítsuk is ezen lebegő jelölőket, meta-kódokat, nem hozható létre olyan centrummal rendelkező rendszer, amely ne oltaná ki saját magát. Nem pusztán a krimi műfajának központi szervező elve, végső mozgatója: a zárlat, a rejtély megoldása az, ami elhalasztódik, hanem maga a műfaj kerül törlésjel alá. Ily módon soha nem áll össze a kép: sem megelőzöttségében, sem utólag nem teremtődik meg a középpont, vagy – ami ugyanaz – bárhová helyezhető. Nem dekonstruálódik, nem disszeminálódik, mert (*pars pro toto*) mind a klasszikus krimit, mind modern és posztmodern folyományait inherens módon foglalja magában. A krimi műfaji választása a rejtély rejtélyességében, vagyis a krimi önazonosságának kérdésében nyeri el jelentőségét. Igazolni kívánom, hogy a dekonstrukciós anti-detektívtörténet sajátságaival szemben extradiegetikus szinten[59] Auster metafikcionális anti-

---

[59] Mivel Auster szövegei kiaknázzák a textusban befeléhaladó (pl. *mise-en-abyme*), illetve abból kifele tartó (pl. a beleértett olvasó-szerző extrapolációja) szintekben rejlő lehetőségeket, itt

detektívtörténetében a hangsúly a szöveg jelentésének elhalasztódásáról a műfaj jelentésének, intradiegetikus szinten pedig a kódok jelentésének elhalasztódására tevődik át. Roland Barthes *S/Z* című kötetében ötféle kódot határoz meg, ezek alkotják az öt hangot, amelyekből a szöveg egésze összeáll. Ezen hangok között szerepel a korábban már hivatkozott hermeneutikus kód is, mely összefogja azokat az egységeket, melyek feladata, hogy megfogalmazzanak egy kérdést, a rá adott feleletet, illetve a véletlen események láncolatát, amelyek felvethetnek egy kérdést, de el is halaszthatják a rá adott választ.[60] A történetmondásnak ez az a kódja, mely feszültséget kelt, s mely a rejtély megteremtéséért felelős. Korábban Blanchot terminusát használtam, amikor megfogalmaztam azt a feltételezést, hogy az Auster-szöveg a jelentés elhalasztódása helyett a hangsúlyt a befogadás aktusának újraértelmezésére helyezi, s az olvasót az írás teréhez utalja. Barthes interpretációs rendszerének nyelvén mindez úgy hangzik, hogy az Auster-regényekben szereplő valamennyi kód képes ilyen hermeneutikus kódként *is* funkcionálni. Ezeket a szinte már parodisztikusan túldimenzionált, funkciójuk szerint pedig végletekig túlhajtott kódokat Bruce Bawer szerint Auster kissé „túllihegte" (Bawer 70 – Saját fordítás). Csak egyetérteni lehet a szigorú kritikussal, éppen ennek a hatásnak a működését kívánom bemutatni az *Üvegváros* három dialógusában.

Daniel Quinn, krimi író egy téves telefonhívás folytán Paul Auster, magándetektív bőrébe bújva megbízást kap, hogy védje meg Peter Stillmant annak édesapjától, az idősebb Peter Stillmantól. Az előzményekről annyit tudni, hogy a tudós Stillman a paradicsomi nyelv után kutatva kisgyermekét egy minden külső ingertől elzárt, sötét szobában tartotta hosszú éveken át (vö. Kaspar Hauser), csupán annak reményében, hogy így utóda Isten nyelvén szólalhat majd meg. Ha mégis az addig eltanult csekély szókincsét használta a fiú, az apa fenyítéssel torolta meg a kihágást. A gyermekkínzás egy véletlen folytán lelepleződik: a nyelvészt börtönbe zárják, fia maradandó károsodásokkal kórházba kerül. Tizenhárom év elmúltával az apát szabadlábra helyezik, de korábban írt fenyegető levelei alapján fiára nézve ebből semmi jó nem következhet. Quinn feladata, hogy szemmel tartsa az

---

Genette terminusait a narrátor illetve a narratív pozíciók meghatározásáról kiterjesztem textológiai értelemben is (vö. Genette, 1988).

[60]„A hermeneutikus kód alá azok a különböző (formális) elemek tartoznak, melyek szerint egy rejtély fókuszálódik, felvetődik, azután felfüggesztődik, végül pedig lelepleződik (*ezen elemek némelyike elmarad, gyakran ismétlődnek, és felbukkanásuknak semmiféle rögzített rendje nincs*" (Barthes 1996, 33 – Kiemelés tőlem). A hermeneutikus mondat igazság-periódikus morfémái: (1) *tematizálás* (2) *felvetés* (3) a rejtély *megfogalmazása* (4) a *válasz ígérete* (5) *csapda* (6) *kétértelműség* (7) *berekesztés* (8) *felfüggesztett* válasz (9) *részleges* válasz (10) *leleplezés/megfejtés*." (Vö. Barthes 1997, 262) Auster metafikcionális anti-detektívtörténete valamennyi morfémát a hermeneutikus mondat zéró morfémáival írja felül, hogy helyüket metaleptikus narratív egységekkel töltse be.

immár idős professzort, és minden lehetséges eszközzel megvédje tőle az ifjabb Stillmant.

Quinn heteken át követi az idős embert, majd elszánja magát a végső lépésre, megszólítja.

Háromszor találkozik Quinn Stillmannel, mindannyiszor más néven, más személyiség álcája mögé bújva, de kísérteties, hátborzongató és rejtélyes módon úgy tetszik, a tudós egyik alkalommal sem ismeri fel benne előző beszélgető társát. Quinn számára eszmecseréjük értelmezése élet és halál kérdése, hiszen saját, ugyancsak Peter nevű kisfia halálát gyászolja meg azzal, hogy a megnyomorított ifjabb Peter Stillmant védelmezi. A detektív effajta belső motivációja a kemény krimi narratív apparátusára játszik rá (a múltjának sötét foltja miatt örökké úton levő hős alakjára), így a detektívregény mint szürfikció éppen ennek a jelentésgenerálásnak az elhalasztódását ígéri. Vagyis amennyiben dekonstrukciós anti-detektívtörténetként olvassuk az elkövetkező oldalakat, mindez azt előfeltételezi, hogy a fellelhető kódok előbb megteremtik a rejtélyt, amit aztán a szöveg mézesmadzagként húzhat el az olvasó orra előtt.

Az adott történetben Paul Auster magándetektívként szerepel, hősünk ezért – hogy „valódi" kilétét elrejtse – először valódi nevén, Daniel Quinnként mutatkozik be. Auster már idézett kritikusa, Alison Russell egy véletlen nyelvbotlással azt állítja, hogy Quinn első találkozásukkor Paul Austerként nevezi meg magát. „Quinn elhatározza, hogy személyesen is találkozik a logocentrikus apával. Előbb *Paul Austerként*, majd Henry Darkként, végezetül Peter Stillmanként mutatkozik be" (Russell 75 – Saját fordítás, kiemelés tőlem). A szöveg logikája szerint épp a valóság és fikcionalitás közti különbség jelentősége veszne el, ha ténylegesen így történne, és ez éppenséggel erősítené a dekonstrukciós olvasatot. A kettősügynök csavarára rájátszva azonban Quinn úgy hazudik, hogy az igazságot mondja (saját nevén, *Quinn*ként mutatkozik be), így valós és valótlan polaritása felcserélődik, dialektikájuk értelmét veszti.

A neveknél maradva biztonsággal megállapítható, hogy a monogramok (**D.Q.**) indexként viselkednek ebben a szövegben. Mint már szó volt róla, az ifjabb Stillman felesége (aki egyben ápolónője is) Auster, a magándetektív telefonszámát egy Michael Saavedra nevű nyugalmazott rendőrtől kapta. Első (valóban rikítóan szembetűnő kódunk) tehát Cervantes, és főműve a *Don Quijote* lesz. **D**on **Q**uijote metonimikus párja tehát maga **D**aniel **Q**uinn. A fentiekben kibontott körkörös szerzőségi lánc (... > Cid Hamete Benengeli > Don Quijote > Sancho Panza > borbély/pap *Doppelgänger* > Sansón Carrasco > Cervantes > Don Quijote > ...) meghatározza a protagonista metaleptikus szerkezetét is. A mennyiben engedjük, hogy ezen *mise-en-abyme* örvénye magával ragadjon bennünket, nagy bajba kerülünk. Mert hát meddig toleráljuk az idült hülyeségeket? „Egyértelmű a válasz, nem?"

Auster a szerző, vagyis Cervantes, csakhogy a történetet Auster meg nem nevezett barátja tárja elénk, ő lenne tehát a fordító, esetünkben az elbeszélő, aki viszont nem más, mint Don Quijote, azaz maga Quinn, aki a történet főszereplője, és logikánk szerint egyben a szerző is. „Szeretném látni azt a jelenetet Toledo piacán. Cervantes, ahogy felfogadja Don Quijotét, hogy megfejtse neki Don Quijote históriáját. Van benne valami megejtő" (Auster 1991, 101) – mondja az író az Auster-Quinnek, tehát saját maga lehetséges énjének (vö. a *Máról holnapra* félresiklott költőjével). Körbe is értünk. „Van benne valami megejtő."

Az író Auster paradox eszmefuttatásában nem felejtkezik meg arról említést tenni, hogy barátai három különböző alakban is megpróbálkoznak azzal, hogy visszatérítsék Don Quijotét a való világba. Három alkalommal is megkísérlik, hogy belépjenek nyelvének grammatikájába, hogy gyökerestül felforgassák, akárcsak a példában szereplő kém. Ismét feltűnik az értelmezési kényszer mint belülről romboló, szubverzív erő, melynek három megjelenési formája segít az elkövetkezőkben fölfedni a dialógusok narratív szerkezetét.

(1) Az első találkozás

A *Don Quijoté*ban a borbély és a lelkész hősünk lelkének visszaszerzésére tett első kísérlet során kísértetnek öltözik. A kísértet, szellem az Auster-regényekben használt egyik olyan hermeneutikus kód, mely a jelenlét hiányát jelöli. Daniel Quinn tehát először áttetsző, eltűnésben lévő entitás. „Ami számít, az a dolog maga, és a dolog, amit nézünk, csak akkor kel életre, hogyha aki nézi, már eltűnt" (Auster, 1998, 19). Quinnek meg kell szabadulnia önazonosságától, hogy láthassa, megérthesse Stillmant, sajátos metamorfózisa három stációjában éppen ez a folyamat megy végbe. Az első találkozás alkalmával „[f]ény, roppant fény árasztott el mindent [...]" (75), míg utolszor a „fény könnyű fátyolként lebegett téglán és levélen, lassan nyúltak az árnyak" (85). A világosság fokozatosan szertefoszlik, mert „[s]emmi sem veheti rá az embert, csakis a sötétség, hogy felnyissa szívét a világnak" (236). A kódok arra utalnak tehát, hogy Quinn, a kém sikerrel fog eltűnni, a rejtély leleplezésének ígérete ezzel lendületbe hozza a szürfikció apparátusát, hogy mindörökre beteljesítetlen maradhasson. Anti-detektívtörténet olvasunk valóban. De nem a történetpárhuzamok végtelensége, hanem a befogadó tekintet pontszerű dimenziótlansága felől.

Quinn eltűnési stratégiájával a beszélgetés is teljesen áttetszővé válik. Hozzájárulása a dialógushoz kimerül a bólogató jános-szerep abszurditásában. Miközben Stillman nyelvfilozófia rögeszméit ismerteti, Quinn egész lényével a befogadást, a megértést közvetíti, sugallja: helyesel, megerősít („igen", „pontosan", „így van", „igaza van", „ebben nem kételkedem", „bíztató hír", „most már értem"), visszakérdez („kulcsát?",

„Új nyelvet mondott?") valamint csodálkozik („ah", „képzelem", „nem is tudtam", „hatalmas munka lehet", „csodálom a türelmét") (75-81). Barthes proairetikus kódoknak nevezi a cselekményt szervező akciókat és a motivációkat megjelenítő viselkedésmódokat. A rejtély megteremtéséért felelős hermeneutikus kódok túldetermináltságával szemben még feltűnőbb ezen kódok kiéheztetése, áttetsző volta. Quinn valójában azzal szólítja meg Stillmant, hogy nem mond semmit. Újabb mozzanat, ami a rejtély/megoldás polaritásra utal, illetve – a metafikció ígérete szerint – kérdez rá. Quinn húsz percen keresztül csak ül Stillman mellett, majd öt percen át meredten bámulja, mint afféle meditációs objektumot [„Szinte átfúrta a koponyáját" (81)]. A megfigyelő jelenlét felszívódik a befogadás aktusában. Quinn pozícióját teljességgel beszélgetőpartnerétől teszi függővé, puszta tekintet („naked eye"), tisztán kém. A dialógus valójában monologizál, hiszen megszületésénél Quinn csupán bábáskodik, az apasághoz, az eredethez azonban már semmi köze. A kódok, melyeket Stillman felkínál nem csupán azt a Stillmant határozzák meg, akit saját értelmezésében Quinn érzékelni fog, hanem egyúttal magát a befogadó Quinnt is, aki ily módon elvész önnön személyiségeiben (Daniel Quinn, költő; William Wilson, krimi író; Max Work, saját krimijének hőse; a regény elbeszélője – talán éppen Paul Auster, magándetektív; Daniel Quinn, a kísértet; valamint az elkövetkező két stáció során felvett alakmásai, alteregói). Indexként ezt az eltűnést jelzi Stillman neve is (Still=csend, mozdulatlanság): a csendben való elveszést. A név és az eltűnés összekapcsolódik mindjárt az első kódban, melyet Stillman felajánl. Azt állítja, senkivel nem hajlandó szóba állni, míg a nevét meg nem tudja. Persze nem udvariassági díszkörökről van szó. Amint megtudja Quinn nevét, rögtön asszociációs játékba kezd vele, amivel egyben disszeminálja. Így törli Quinn önazonosságának emlékét, melyhez Quinn azzal a csavarral volt képes „rögzülni", hogy valódi nevével fedte kilétét. Az asszociációs technika továbbra is meghatározó marad. Laterális, fő irányvonalak nélküli gondolatsor mentén halad a beszélgetés, mégis, a látszólagos esetlegesség, véletlenszerűség jól kivehető alaprajzot tár elénk. Akárcsak korábban Stillman céltalannak tűnő kóborlásainak útvonala, melyet az őt követő Quinn gondosan feljegyzett, átrajzolt a térképre, hogy végül a „Bábel tornya" feliratot kapja.[61] Nem létezik realitás képzelet nélkül. Rögtönzött nyelvfilozófiai értekezésében Stillman egyik témáról a másikra ugorva a nyelv bűnbeeséséről, Arisztotelészről és Platónról, a nominalizmus-realizmus vitáról, Swift Laputájáról, non-entitatív szemantikáról mondja el rögeszméit. Példaként egy már nem funkcionáló, jelentésegységét elvesztő heideggeriánus esernyőt hoz, melynek nincs neve, hisz már nem az, ami. A

---

[61] A „*screener*" cigányomában rejlő esztétikai tartalékokra szép példát nyújt egy divathóbort, a GPS-rajzolás, egy afféle virtuális street art megjelenése. Lásd erről: Hegyi 2013.

tudós egy új, tisztán referenciális, paradicsomi nyelv szent küldetését vállalta föl: New Yorkot Bábelként, önmagát pedig a névadás új Ádámjaként határozza meg. E kódok, definíciók létrehoznak Quinnben egy lehetséges Stillman-interpretációt, amellyel a megértés szintjén és pillanatában a megfigyelő metonimikus viszonyba kerül. Kísértetként Quinn megszállja azt a Stillmant, akit a maga számára megkonstruál, és akit Stillman megalkot a megfigyelői tekintetben. Lehetővé válik az újabb stáció, az újabb találkozás.

(2) A második találkozás

Quinn már nem az, aki volt, a megfigyelő fokozatosan megszállja a megfigyelt személyt. Ezt az a kód is jelzi, hogy kettejük közös felülete egy *Mayflower* nevű kávézóban jön létre másodszor. Stillman magánmitológiájában Amerika új paradicsomként, a nyelv megtisztítása ígéretének földjeként jelenik meg. Emblematikus értelmű hát a hajó neve, mely a zarándok atyákat Plymouthba vitte, s melyre most Quinn is felszáll.
A Don Quijotét bűvöletben tartó varázslat megtörésére másodszor Carrasco tesz kísérletet a Tükrök lovagja képében. A metonímia erősödik, Quinn ezúttal Henry Darkként nevezi meg magát.

– Ismerjük egymást? – kérdezte végül.
– Nem valószínű – felelte Quinn. – A nevem Henry Dark.
– Ah. Egy ember, aki rögtön a lényegre tér. Ezt szeretem.
– Általában nem sokat kertelek.
– Kert? Milyen kertről beszél, ha szabadna kérdeznem?
– Az Édenkertről természetesen.
– Igen, igen. Az Édenkert. Hogyne. Természetesen. –Valamivel behatóbban vette most szemügyre Quinnt, de tekintetében mintha még mindig bujkált volna egyfajta zavarodottság. – Ne vegye zokon, de elfelejtettem a nevét. Rémlik, mintha említette volna nem is olyan régen, de valószínűleg kiment a fejemből.
– Henry Dark. (81)

Henry Dark fiktív személy (mármint Stillman valóságosságához képest), akinek ugyancsak fiktív röpirata, az *Új Bábel* mögé elrejtőzve Stillman saját maga által is veszélyesnek minősített, *Az Édenkert és a torony: az újvilág látnokai* című könyvét megírta. A kém tehát olyan személyiség bőrébe bújik bele, melyet maga Stillman szabott saját magára. Quinn így válik tükörképpé, személyiségük találkozásának felülete pedig tükörré. Quinn választott nevének megadásával helyzetbe hozza Stillmant, s egyúttal saját pozícióját is kijelöli. Bár a beszélgetés kezdetén még nem sejti, hogy Henry Dark pusztán Stillman képzeletének szüleménye, amint ez kiderül, Quinn a megnevezés, az önmeghatározás metaforikus aktusával Stillman képzeletébe utalja magát. Stillman pedig soha nem szólalhatna meg, s a szövegben meg sem szólal, csakis Quinn jelenlétében. A metonimikusság ezen szintjén parazita és gazdaállat szimbiózisra lép. A retorikát a groteszkig torzítja a laterális logika, jelentés mint lehetőség horizontálisan szétterjed, a struktúra helyébe az egyetlen cél szolgálatába állított plurális, skálafüggetlen szemiotika lép. Bármit felhasználhatok arra, hogy odavigyen, ahova akarom. Vagy másképp: a véletlen egybeesésekben terv fedezhető fel. Nem pusztán a megromlott referencialitás kerül itt elő, hanem maga a jelölés, mint ontikus aktus.

Mert hát hogyan is felejthette el a professzor a „Quinn-álnevet", mikor korábban épp a nevekkel kapcsolatos monomániás megszállottságáról tett ékes tanúbizonyságot? Az Édenkert kódja adja meg a magyarázatot.

A véletlen egybeesés olyan esemény, mellyel két különböző dolgot összekapcsolunk, rímpárba állítunk. Valóság és fikció paradoxona bukkan fel és tűnik el ezekben a szemiotikai aktusokban. *A magány feltalálása* tárgyalásakor már részletesen volt róla szó, hogy Auster a tizenhatodik századi mnemotechnikai rendszerek topológiáját citálva mutatja be, hogy az emlékezet az a hely, ahol minden kétszer történik meg. Dante poklának térképe ily módon értelmezhető az emlékezetben való infernális körbejárásként, ahogy Miltonnál is kettős értelmével ámít a sátán szava. Csak a bűnbeesés előtti nyelv lehetett önazonos, önreferenciális, egy és osztatlan, melyet a bábeli zűrzavar nyelvi megelőzöttsége rontott meg véglegesen. Stillman számára tehát a megoldandó problémát a valóság mint fikció jelenti. A hagyomány szerint, aki Bábel tornyának maradványaira emelte tekintetét, mindent elfelejtett. Henry Dark jövendölése szerint az új Bábel lakói negyven nap múltán a bűnbeesés előtti nyelven fognak majd megszólalni. Az emlékezetkiesés kódként a referencialitásra kérdez rá. Henry Dark perszónája a két beszélgetőtárs közös lényegét képezi, a dialógus során kettejük tükröződésének felületévé, a jelölő és jelölt közti saussure-i papírhártyává válik. Az azonban már eldönthetetlen, hogy melyik oldal a jelölő, és melyik a jelölt.

A referencialitással összefüggésben tehát megjelenik az éntükröződés, ami háromféleképpen szerepel Auster regényeiben. Mindegyik típus fellelhető a három párbeszédben, bár mindig más és más lesz közülük a hangsúlyos. Az Én-ek egyrészt lehetnek eleve tükörképei („mirror images") egymásnak, másképp ikrek („doubles", „twins"), vagy *Doppelgänger*ek. Erre volt példa Quinn és Stillman első találkozása, melynek alkalmával a professzor nem is mulasztja el megjegyezni, hogy a Quinn szó rímel a „twin" szóra. Ebben az első beszélgetésben Quinn tiszta tükröződése volt Stillmannek. Az Én élősködhet is a másikon, fölveheti a másik Én-jét. Amikor Quinn Henry Dark bőrébe bújik, pontosan ezt teszi. Az Én-ek tükröződésének harmadik típusa az apa-fiú kapcsolat lesz, mely viszonyban nem csak az archetipikus Atya mint végső jelölő utáni nyomozás, kutatás érhető tetten, hanem egyúttal az önazonosság keresése is. Ez a típus a harmadik találkozás alkalmával kap hangsúlyt és teret.

A dialógus további részében Stillman a H.D. kezdőbetűkből kiindulva látványos „tojás-allegóriát" visz végig. Az asszociációs láncolatban összekapcsolódik Humpty Dumpty mint nyelvfilozófiai allegória Kolombusz tojásával, amely az új Paradicsom indexikális jelölőjeként keveredik ide, hogy aztán a sort végül a Hold zárja. De nem az üres tér, a semmi szemiotikájának Austernél később (a *Holdpalotá*ban) kidolgozásra kerülő fenséges szimbólumaként, hanem a tojással való alaktani hasonlatossága révén. Ez utóbbi kapcsolódási ponttal már a dada totális szemiotikai önkényéhez kerülünk veszélyes közelségbe, melyet, úgy tűnik, asszociatív tudatáramlásával Stillman egyre határozottabban közelít meg. Ugyanakkor a Hold-motívum előre lendíti a cselekményt az utolsó találkozás felé. Quinn a Tükrök lovagjaként már (le)szerepelt, ideje, hogy a Fehér Hold lovagjaként lépjen színre abban a reményben, hogy irodalmi pre/co-textjét, Don Quijotét jobb belátásra bírja.

(3) A harmadik találkozás

A Hold Auster szövegeiben az írás fehér terének, a szubjektumot, a rendszerszerűségbe vetett hitet feloldó irracionalitás szimbóluma. Az irracionalitás indexe, hogy az idősebb Peter Stillmannel való utolsó találkozás helyszíne Mount Tom, melynek kontemplatív atmoszféráját Auster egyik irodalmi apafigurája, a William Wilson figuráját megalkotó Edgar Allan Poe is nagyra becsülte. A végső találkozás alkalmával – a szubjektumot feloldó Maelstrom magjához érkezve – Quinn Peter Stillmanként fog bemutatkozni.

– Nevem Peter Stillman – így Quinn.
– Az én vagyok – felelte Stillman. – Én vagyok Peter Stillman.
– Én a másik Peter Stillman vagyok. (86)

A tükröződés első két típusát, a parazita-gazdaállat típusú viszonyrendszert és a *Doppelgänger*ek kettősségét Austernél ezúttal Lacan Másikja (*Autre*) követi. A szubjektum konstrukciója Lacan teóriájában a nyelv révén valósul meg. Lacan értelmezésében a Másikot helyként kell tételeznünk, mégpedig olyan helyként, ahol a nyelv konstituálódik (Lacan 1993, 274). A nyelv mindig a Másik beszédeként alakul a performanciában langue-ból parole-lá. A Másik ilyen értelemben válik az igazság helyévé, és mivel a Másikon túl nem, csak visszafelé, önnön tükröződésben található újabb Másik, pusztán egyetlen nyelv létezik, másképp: nem létezik metanyelv. Vagyis Auster anti-deteketívregénye nem explózió, nem a műfajiság külső burkait szétfeszítő, azt támadó, átértelmező, palimpszesztté satírozó progresszió, éppen ellenkezőleg: regresszív implózió. A szubjektum

„identitása" nem entitás, hanem az imaginárius birodalmához tartozó, a folyamatos változással szembeni képzetes ellenállás elidegenült imágója. A hermeneutikus kódok indexei végső soron arra utalnak, hogy az „Én" maga is csupán Peirce-i értelemben vett index, nincs fix referenciája, így átmenetiségében megragadhatatlan és illékony. S hogy az Én hagymahéjainak lehámozása mennyire nem kifelé, hanem sokkal inkább befelé irányuló mozgás, mi sem jelzi jobban, hogy Lacan Másikjától az idősebb Stillman Harold Bloom (vö. Bloom 1997), sőt Freud felé fordítja tekintetünket: „– Értem már. Úgy gondolja, hogy a fiam. Igen, elképzelhető" (ibid.).

Miután pedig Quinn kijelölte Stillman számára az apa pozícióját (tehát Stillman jelölte ki Quinn számára a fiú szerepét), tanítás következik életről-halálról, emlékezetről és hazugságról, míg végül az abszurd *parainesis* arra a konklúzióra fut ki, hogy „pénz nem nő a fán" (87). Az *unheimlich* térbe kerülve a parodisztikus retorika végképp átveszi az uralmat, szubverzivitása extatikussá fajul, bármi összefügghet, összekapcsolhatóvá válik bármivel. Quinn a metonimikus kapcsolódások végletesen felgerjedt hálózatában a harmadik szinten is találkozik Stillmannel, de ez a találkozás a fixált azonosság ellehetetlenülésének heterotopikus terében az eldönthetetlenségek kiterjesztésével jött létre. Végül is ki követett akkor kicsodát? Kódjaink kioltják egymást. Don Quijote lehet Daniel Quinn, de lehet az író Auster is. Bár éppen Peter Stillman az, akit Don Quijoteként látunk a Holdon járni. Ő az, aki neve kezdőbetűiben az utóírat (**p**ost **s**criptum) rövidítését viseli magán, aki – miközben látszólag helyre kívánja állítani – valójában ellehetetleníti a főszöveg hatalmát. „Bizonyos értelemben minden olvasható minden más lábjegyzeteként" (Auster 1982, 83). Peter Stillman az, aki felébreszti, felbéreli Quinnt, hogy kövesse.[62] Akár a trilógia következő kötetében szereplő Black és Blue esetében, Stillman azáltal létezik, hogy befogadják. Csakhogy Quinnek ehhez el kell tűnnie, el kell vesznie, míg az Én-ek érintkezési felülete olyannyira kiterjed, hogy már a két oldal nem különíthető el egymástól. Quinn kísértetként, „tiszta hangként" (vö. Derrida 1976, 65), Echóként viselkedik. Alison Russell (Rusell 83) idézi Northrop Frye Nárcisz-interpretációját (Frye 54). Fry szerint Nárcisz tükörképe pusztán „baljóslatú" (ibid.) árnyék, *Doppelgänger*, mely parazitaként élősködik Nárcisz létén, így okozva annak halálát. Vitathatónak tűnik Russell kijelentése, miszerint Auster aláássa a dichotómiát azzal, hogy az ellenpárok közti hierarchiát destruálja. Véleményem szerint a mitotéma nem bináris oppozícióra épül. Echó a jelenlét hiányának jelölője. Ő az, aki a jelenlétét megtagadja azáltal, hogy visszhangozza Nárcisz (a co-textben Stillman) szavait. Nárcisz őbenne,

---

[62] Az ifjabb/idősebb polaritás eldönthetetlenné válik a történet szintjén. Az apa szabadulásának fenyegető veszélyével lendíti mozgásba Quinn-Austert a fiú a telefonhívással.

Echóban tükröződik, ő maga képzi meg azt a vízfelületet, amely mindkét nárciszt, Stillmant és az iker-Stillmant elválasztja és összeköti. Echó az az Én, aki a teljes trilógiában a *Kísértetek* című kötet. A három Én hierarchikusan nem rangsorolható, köztük alá-fölérendeltségi viszony sem állítható föl, így annak dekonstrukciója sem értelmezhető. Amint a fikció és valóság elkülönítésére tett erőfeszítések is sorra kudarcot vallanak a műben, mert e kettő viszonya nem választható le sem egyikről, sem másikról. A tükör (Echó) két oldalán lévő két Nárcisz egymásba játszik, a reflexív felület „jelenvalólétlehetetlensége" nem választható le a nárcizmus lényegéről. Pontosan ezért tekintem problematikusnak Russell azon kijelentését, mely szerint az „*Üvegváros* paranoid szöveg" (Russell 76) volna. Éppen a különbözőség, az Én-elhasonulás, Geoffrey O'Brian megfogalmazásában a „*Doppelgänger*ek tánca" (Idézi: Bawer 69) az, ami eluralkodik a textuális terepen. Ugyanolyan következetlenség ebben a szövegben Echót „baljóslatúnak" nevezni, mint amekkora „túlkapás" (70) a *New York trilógia* textuális hajtóerejeként a félelem történetgerjesztő ösztönét meghatározni. Amennyire nem szokás Thomas Pynchont kizárólag *A 49-es tétel kiáltásá*val azonosítani, ugyanannyira félrevezető Auster és Pynchon egybegyúrása. Ha már mindenképp a pszichopatológiához fordulunk találó párhuzamot keresve, helytállóbb diagnózisnak tűnik a skizofrénia mint a szöveg dinamikájáért felelős transzperszonális tudatforma.

A *New York trilógia* hermeneutikus kódjainak vizsgálatát Russel állításával indítottam, aki szerint Auster műve dekonstrukciós anti-detektívtörténetként határozható meg. Russellnél a trilógia hermeneutikus kódjai az anti-detektívtörténet műfaji jellemzőinek megfelelően megteremtik a rejtélyt, majd ugyanezen kódok el is halasztják azt. Míg a hagyományos krimiben/kémregényben a detektív és a „detektált" között létrejövő azonosság a rejtély megoldásához vezet (példánkban Roger Moore Angyalként lefüleli a gonoszt), addig dekonstrukciós ellenpárjában a szöveg előfeltételezi, hogy a kódok megteremtik a rejtélyt, amely a centrumot visszamenőlegesen megteremtő zárlat törlésével disszeminálódik (a hangsúly az elhalasztódó rejtélyen van). Auster metafikcionális anti-detektívtörténete azonban más irányt szab a történetnek. Az első kötet zárlatában Quinn esernyőjét szorongatva ráébred, hogy Stillmannek végképp nyoma veszett. Stillman, miután Quinn mindhárom alakban megjelent előtte (és Stillman is Quinn előtt), mindörökre megtagadja a jelenlétét hősünktől. Az esernyő itt kód (esernyő-e az esernyő, ha már nincs rajta szövet?), a referencialitás paradoxonára visszautalva rámutat az éntükröződésre, azon keresztül pedig az azonosság kérdéséhez vezet (szereplő-e a szereplő, ha már nincs rajta szöveg?). Az *Üvegváros*t kémregényként interpretálva tehát Quinn vaknak bizonyul a Stillman-rejtély megoldásában, egyszerűen elbukik, szem elől téveszti a célszemélyt. Eredeti példánk kémének látószögéből – akár az őt megfigyelő objektívéből, vakfoltként – kiesik a világnak ez a szeglete. Ha detektívtörténetként értelmezzük ugyanezt az írást, a jelenlét megtagadja magát, a jelentéselhalasztódás ellehetetleníti a megértést: a pályája vesztett nyomozót mindörökre hitegeti a végső jelölő délibábjának káprázatos ígérete. Ezt a két előbbi lehetőséget a szöveg interpretációs csapdaként tartja fenn és szünteti meg egyidejűleg: textuális feketelyukként építi önmagába. Ugyanis metafikcionális anti-detektívtörténetként olvasva a regényt, a szöveg intradiegetikus szintjén (és a diegetikus szint tükörszimmetriájában az extradiegetikus szinten is) már a hermeneutikus kódokban megtörténik a jelentéselhalasztódás. A rejtély meg sem konstruálódhat rejtélyként, hiszen a kódok önnön jelentésüket elhalasztva elvisznek a rejtély elhalasztódásának lehetőségétől. Ugyanakkor azokat a narratív mozzanatokat, melyekkel e kódok viszonyba lépnek, a diszkurzus mindig rejtélyként érzékeli, mivel a kapcsolódásokat létrehozó erők elrejtik magukat. Az értelmezés mint az elhalasztódó jelentés utáni vágy számára csak a szöveg dekonstrukciós anti-detektívtörténetként való interpretációjában marad lehetőség, a harmadik, metafikcionális olvasat az értelmezési kényszert a befogadás lehetőségét megteremtő azonosság kérdéséhez utalja vissza. Auster regényére is alkalmazható Bényei Tamás megállapítása Georges Perec *La Disparation*járól: „A jelentésképzés kritikája olyan alapszinten robbantja szét a szöveg kohézióját, hogy az eleve egyesélyes: nem jön létre a rend és a véletlenszerűség ellentétének feszültsége, s így tulajdonképpen el sem jutunk a detektívtörténetig" (Bényei 114). Az Echó-párhuzam mintájára az azonosság három stációban feltett kérdése nem disszeminálja, destruálja az azonosságba vetett illuzórikus hit stabilitását, hanem dramatizálja, időben elhelyezve elbeszéli a tükröződő felületek létrehozta szimulákrumot (Baudrillard 1997, 161-169). Nem csupán Quinn, de maga Stillman is eltűnik a befogadás aktusában. Az eredendően jelenlét (vö. az anyaszült meztelenre vetkőző Quinn) és nem rejtély után kutató hős pályájáról letérvén a szabadesés súlytalan állapotába kerül. Quinn számára a szöveg egy megfoghatatlan pontján a megfigyelés ürüggyé válik arra, hogy feloldódjon a rendszerszerűség valamennyi ideológiájától való megszabadulás extatikus vágyában. Elkezdi levedleni személyiségeit, szubjektum inflekcióit (Vö. Bollobás 2012, 31); önazonosságát egészen addig a pontig pusztítja, míg olyan műalkotássá nem válik, „mely direkt kifejeződése annak az erőfeszítésnek, ahogyan a művészet kifejezi önmagát" (Auster 1998, 13 – Saját fordítás). A rejtély megoldását kutató hős

visszavitt minket Don Quijotéhoz – a könyvektől megbabonázott lovaggal pedig a szubjektum azonosságának kérdéséhez jutunk. Ezen a ponton

Auster regényének diszkurzusa világosan elkülöníthetővé válik a dekonstrukciós anti-detektívtörténet műfajától.[63]

---

[63] Vö: Bényei Tamás megállapításával: „Ha az egyik irányból nézzük, úgy tűnik, hogy valami, ami egy nagyobb dolog része, paradox módon mégis képes tartalmazni, felülírni ezt a nagyobb, őt eltörlő dolgot, ha viszont máshonnan tekintjük, akkor a labirintusnak a történet általi eltörlése a végpont. A két nézőpont viszonya ugyanolyan paradox és végtelen, mint a klasszikus krimi és sajátos újraírásai közötti kapcsolat" (Bényei 213).

X. UTÓSZÓ

Paul Auster korai műveinek feldolgozásával kibontakozni látszik egy, a posztmodern próza első hullámától (Barth, Pynchon, Coover, Vonnegut, Barthelme, Hawkes, Gaddis) eltérő, sajátos poétikai rendszer. A korai Auster-művekben feltáruló elméleti kérdések aláássák a *New York trilógia* közmegegyezésszerű besorolását dekonstrukciós anti-detektívtörténetként, így a trilógia és a későbbi művek metafikcionális, fehér terekre épülő poétikájának felvázolásával lehetővé válik az életmű ellentmondásos recepciójának újragondolása is. Jelen munka abban a reményben született, hogy hozzájárulhat az Auster-művek egységesebb elméleti megalapozásához a hazai kritikai számára. Kiindulási pontként szolgált, hogy Auster korai szövegei valamint a *New York trilógia* között poétikai azonosságok feltérképezésével lehetővé váljék az eddig megírt és a majdan elkészülő művek összekapcsolása. Az *Üvegváros* és az azt megelőző szövegek olvasatai reményem szerint megerősítik Nealon megállapítását, amellyel még 1996-ban is egyedül állt a kritikai közvélekedésben:

> Meglátásom szerint az *Üvegváros* nem annyira az olvasás terében meglévő játékkal és lehetőséggel konfrontálódik – melyek a hetvenes évek posztmodernjének alapkoncepciói –, hanem sokkal inkább az írás terének lehetőségeivel/lehetetlenségével, bizonytalanságaival, illetve az elkülönböződésre adott válaszaival. Ha egyetérthetünk Spanosszal abban, hogy a detektív-mint-olvasó kitüntetett területet jelent a posztmodern első hulláma számára, akkor részemről hozzá kell tennem, hogy Austernél a detektív-mint-író koncepciója az amerikai posztmodern próza eltérő felfogásának kitüntetett terepeként szolgál. (Nealon 95)

Austert kudarcai sikeressé, sikerei kudarcossá tették. Neves barátjának, Don DeLillónak karrierje árnyékában (vö. *Kísértetek*, a *Leviatán*, *Az illúziók könyve*) az ő neve némileg elhalványul, termékeny műfordítóként Beckett elutasítja, az *Üvegváros* kéziratát tizenhat kiadó küldi vissza. Végül, amikor a *New York trilógia* meghozza az áttörést, a posztmodern krimi olyan örökös viszonyítási ponttá válik életművében, amelynek pedig soha nem is akart megfelelni. Hadd idézzek fel két mottót a főszövegben is:

S.G.: Bizonyára vegyes érzelmekkel fogadta, hogy – legalábbis eleinte – gyakorta emlegették önt krimi íróként.
P.A.: Időnként valóban terhemre volt. Nem mintha bármi kifogásom volna a műfaj ellen, egyszerűen csak nincs sok köze a könyveimhez. [...] A mystery válaszokról szól, a regényeim kérdésekről. (Auster 1995, 139)

Auster detektív/író karaktere különleges lehetőség számunkra, hogy a posztmodern amerikai irodalmon belül némileg különálló indíttatást figyelhessünk meg. (Nealon 95)

A hazai kritikát tekintve elmondható, Paul Auster 1990-es évektől megjelent műveinek magyarul írt recepciója mindenképp bővítésre szorul, a jelen kötet is azzal a céllal íródott, hogy erősítse a folyamatot, amely elindíthatná a megjelent versek, regények újszempontú kritikai feldolgozását. Ezt nemcsak a már kiadott regényfordítások teszik szükségessé, valamint azok a művek, amelyekkel a hazai könyv- és filmforgalmazás eddig adós maradt, de azon a tanulmányok sokasága is, melyek a sokszor utánnyomásban is megjelent kötetekről eddig még nem születtek meg. Magam szívesen olvasnék valóság és fikció viszonyáról akár egy kritikai vitát is a *True Tales of American Life*, vagy az *Itt és most* köteteinek referencialitásával kapcsolatban (a magyarul eddig kiadatlan *A magány feltalálásá*ról nem is szólva). Érdekes lehetne az Auster-regények magyar vonatkozásairól, vagy épp a váratlan fordulatot vett 2017-es regény és az életmű dialógusáról tájékozódni hazai tanulmányok, recenziók tükrében. Feltételezem, hogy kritikai feldolgozás révén az Auster képviselte poétikai hagyomány élettelibb jelenséggé válhatna a magyar irodalomban is. Ez nyilván nem feltétlenül kívánatos vagy szükséges, ugyanakkor a hazai olvasási alakzatok fogékonysága az amerikai szerző művei iránt mindenképp elgondolkodtató.

BIBLIOGRÁFIA

Auster, Paul (ford.) (1972). *A Little Anthology of Surrealist Poems*. New York: Siamese Banana Press.

Auster, Paul (2007). *A szem önéletrajza*. (ford. Gyukics Gábor) Budapest: Barrus.

Auster, Paul (ford.) (1983). *A Tomb for Anatole by Stéphane Mallarmé*. San Francisco: North Point Press.

Auster, Paul (1995). *A véletlen zenéje*. (ford. Vághy László) Budapest: Európa Könyvkiadó.

Auster, Paul (1997). *Blackouts*. In *Hand to Mouth*. New York: Holt, 172-194.

Auster, Paul, Paul Karasik és David Mazzucchelli (1994). *City of Glass—A Graphic Mistery*. New York: Avon Books.

Auster, Paul (2004). *Collected Poems*. London: Faber.

Auster, Paul (1988). Előszó. In Knut Hamsun. *Hunger*. (ford. Robert Bly) New York: Noonday Press.

Auster, Paul (1988). Előszó. In Edmond Jabès és Keith Waldrop. *If There Were Anywhere but Desert: The Selected Poems of Edmond Jabès*. Barrytown: Station Hill Press.

Auster, Paul (ford.) (1974). *Fits and Starts: Selected Poems of Jacques Dupin*. Weston, CT: Living Hand.

Auster, Paul (1997). *Hand to Mouth: A Chronicle of Early Failure*. New York: Holt.

Auster, Paul (1997). *Hide and Seek*. in *Hand to Mouth*. New York: Holt, 195-214.

Auster, Paul (1993). *Holdpalota*. (ford. Vághy László) Budapest: Európa Könyvkiadó.

Auster, Paul (1987). *In the Country of Last Things*. London: Faber.

Auster, Paul és Lydia Davis (ford.) (1977). *Jean-Paul Sartre: Life/situations*. New York: Pantheon Books.

Auster, Paul és Margit Rowell (ford.) (1986). *Joan Miró: Selected Writings*. Boston: Hall.

Auster, Paul (1997). *Laurel and Hardy Go to Heaven*, in *Hand to Mouth*. New York: Holt, 133-171.

Auster, Paul (2009). *Máról holnapra: a korai kudarcok krónikája*. (ford. Pék Zoltán) Budapest: Európa Könyvkiadó.

Auster, Paul (1989). *Moon Palace.* London: Faber.

Auster, Paul (1991). *New York trilógia.* (ford. Vághy László) Budapest: Európa Könyvkiadó.

Auster, Paul (ford.) (1985). *On the High Wire by Philippe Petit.* New York: Random House.

Auster, Paul (1988). *Selected Poems.* London: Faber.

Auster, Paul (1998). *The Art of Hunger.* New York: Penguin.

Auster, Paul (1985). „The Book of the Dead: an interview with Edmond Jabès," in Eric Gould (szerk.). *The Sin of the Book: Edmond Jabès.* Lincoln and London Nebraska U.P.

Auster, Paul (1982). *The Invention of Solitude.* San Francisco: Sun and Moon.

Auster, Paul (1987). *The New York Trilogy.* London: Faber and Faber.

Auster, Paul (szerk., ford.) (1983). *The Notebooks of Joseph Joubert: A Selection.* San Francisco: North Point Press.

Auster, Paul (1990). *The Music of Chance.* London: Penguin Books.

Auster, Paul (szerk.) (2006). *The Poems, Short Fiction, and Criticism of Samuel Beckett:* Volume IV of The Grove Centenary Editions. New York: Grove Press.

Auster, Paul (szerk., ford.) (1982). *The Random House Book of Twentieth-Century French Poetry: With Translations by American and British Poets.* London: Random House.

Auster, Paul (1995). *The Red Notebook.* London: Penguin Books.

Auster, Paul (szerk., ford.) (1999). *The Station Hill Blanchot Reader: Fiction & Literary Essays.* Barrytown: Station Hill Ltd.

Auster, Paul (ford.) (1976). *The Uninhabited: Selected Poems of André de Bouchet.* Weston, CT: Living Hand.

Auster, Paul (1988). *Unearth,* in uő. és Mitchell Sisskind (szerk.). *Disappearances – Selected Poems.* Woodstock, New York: The Overlook Press, 17-41.

Auster, Paul (ford.) (1985). *Vicious Circles by Maurice Blanchot.* Barrytown: Station Hill Press.

Auster, Paul (1988). „White Spaces", in uő. és Mitchell Sisskind (szerk.). *Disappearances – Selected Poems.* Woodstock, NY: The Overlook Press, 103-110.

Abádi Nagy Zoltán (1995). *Mai amerikai regénykalauz.* Budapest: Intera Rt.

Adams, Timothy D. (2000). *Light Writing & Life Writing: Photography in Autobiography.* U of North Carolina Press.

Adams, Timothy D. (1988). „Photography and Ventriloquy in Paul Auster's The Invention of Solitude," in G. Thomas Couser és Joseph Fichtelberg (szerk.). *True Relations: Essays on Autobiography and the Postmodern.* Westport, CT: Greenwood Press, 11-22.

Ades, Dawn (1992). „Duchamp's Masquerades," in Clarke Graham (szerk.). *The Portrait in Photography.* London: Reaktion, 94-114.

Alford, Steven E. (1995a). „Mirrors of Madness: Paul Auster's *The New York Trilogy*", in *Critique*, Vol 37. 1995, 17-31.

Alford, Steven E. (1995b). „Spaced-Out: Signification and Space in Paul Auster's *The New York Trilogy*", in *Contemporary Literature* Vol. 36. 1995, 613-632.

Baker, Roy Ward (1968). *Az Angyal elrablása. (The Fiction Makers)* Írta: Leslie Charteris és John Cruse. Bamore, ITC.

Bal, Mieke és Christine Boheemen (2009). *Narratology: Introduction to the Theory of Narrative.* Toronto: U of Toronto P.

Balzac, Honoré de (1988). „Az ismeretlen remekmű" (ford. Réz Ádám) in Domokos János (szerk.). *A világirodalom legszebb elbeszélései.* Budapest: Európa Könyvkiadó, 407-408.

Barabási Albert László (2003). *A hálózatok új tudománya.* Budapest: Magyar Könyvklub.

Barone, Dennis (1994a). „Auster's Memory". *The Review of Contemporary Fiction* 14.1, Spring 1994, 32-36.

Barone, Dennis (szerk.) (1994b). *The Review of Contemporary Fiction: Special Issue Paul Auster and Danilo Kiš.* 14.1 Spring 1994.

Barone, Dennis (szerk.) (1995). *Beyond the Red Notebook.* Philadelphia: University of Pennsylvania Press.

Barthes, Roland (1997). *S/Z.* (ford. Mahler Zoltán) Budapest: Osiris Kiadó.

Barthes, Roland (1996). „A műtől a szöveg felé" in *A szöveg öröme.* Budapest: Osiris Kiadó.

Barthes, Roland (1991). *Camera Lucida: Reflections on Photography.* New York University Press.

Barthes, Roland (1977). „The Photographic Message," in Richard Bolton (szerk.). *Image-Music-Text.* New York: Hill and Wang, 15-31.

Baudrillard, Jean (1996). „A szimulákrum elsőbbsége" (ford. Gángó Gábor) in Kiss Attila Attila, Kovács Sándor sk., Odorics Ferenc (szerk.). *Testes könyv I.* Szeged: Ictus Kiadó, JATE Irodalomelméleti Csoport, 161-191.

Baudrillard, Jean (1988). „Simulacra and Simulations," in Mark Poste (szerk.) *Selected Writings.* Stanford: Stanford University Press, 166-184.

Bawer, Bruce (1989). „Doubles and more doubles", in *The New Criterion.* April 1989, 67-74.

Baxter, Charles (1994). „The Bureau of missing persons: Notes on Paul Auster's fiction", in *The Review of Contemporary Fiction*,14:1, Spring 1994, 40-43.

Beaujour, Michel (1991). *Poetics of Literary Self-portrait.* (ford. Yara Milos) New York: New York University Press.

Beckett, Samuel (2006) [1961]. „Ó, azok a szép napok", (ford. Kolozsvári Grandpierre Emil), in Bart István (szerk.). *Beckett összes drámái: Eluetheria.* Budapest: Európa Kiadó, 153-193.

Beckett, Samuel (1987) [1951]. *Molloy. Malone meghal. A megnevezhetetlen.* (ford. Török Gábor) Budapest: Magvető.

Bengi László (2000). „Paul Auster: *Timbuktu*", in Bókay Antal (szerk.). *Filológiai Közlöny* 2000/2, 90-91.

Benjamin, Paul (1979). *Squeeze Play.* In *Hand to Mouth.* New York: Holt, 237-449.

Benjamin, Walter (1973). „Franz Kafka: On the Tenth Anniversary of his Death," (ford. Harry Zohn) in Hannah Arendt (szerk.). *Illuminations.* London: Fontana, 112-140.

Bényei Tamás (2000). *Rejtélyes rend: a krimi, a metafizika és a posztmodern.* Budapest: Akadémiai Kiadó (Modern Filológiai Füzetek sorozat).

Bex, Tony (1966). *Variety in Written English.* London: Routledge.

Birkerts, Sven (1989). „Postmodern Picaresque," in *New Republic*, March 27, 1989. Elérés: http://www.tnr.com/article/books-and-arts/postmodern-picaresque Hozzáférés: 2010. december 06.

Blanchot, Maurice (2005). *Az irodalmi tér.* Budapest: Kijárat Kiadó.

Blanchot, Maurice (1981). *The Gaze of Orpheus.* (ford. Lydia Davis) Barrytown: Station Hill Press.

Blanchot, Maurice (1982). *The Space of Literature.* (ford. Ann Smock) Nebraska: University of Nebraska Press.

Bloom, Harold (1989). *Ruin the Sacred Truths: Poetry and Belief from the Bible to the Present.* Cambridge: Harvard University Press.

Bloom, Harold (1997) [1973]. *The Anxiety of Influence: A Theory of Poetry.* New York: Oxford University Press, 1997.

Bollobás Enikő (2005). *Az amerikai irodalom története.* Budapest: Osiris Kiadó.

Bollobás Enikő (2012). *Egy képlet nyomában.* Budapest: Balassi Kiadó.

Borges, Jorge Luis (1999). „A Don Quijote apró csodái," (ford. Scholz László) in uő. (szerk.). *Az örökkévalóság története.* Budapest: Európa Könyvkiadó, 230-234.

Brooke-Rose, Christine (1981). *A Rhetoric of the Unreal: Studies in Narrative and Structure.* Cambridge: Cambridge Unniversity Press.

Burke, Patrick (1990). „Listening at the abyss," in Galen A. Johnson és Michael B. Smith (szerk.). *Ontology and alterity in Merleau-Ponty.* Evanston, IL: Northwestern University Press, 81-97.

Caillois, Roger (2007). *Méduse Et Cie.* Berlin: Brinkmann et Bose.

Campbell, Julie (2008). „Beckett and Paul Auster: Fathers and Sons and the Creativity of Misreading," in Linda Ben Zvi és Angela Moorjani (szerk.). *Beckett at 100 Revolving it All.* Oxford: Oxford University Press, 299-311.

Campbell, Julie (2011). „The legacy of Samuel Beckett in Paul Auster's work," in Teresa Bela és Zygmunt Mazur (szerk.). *Ambiguity and the Search for Meaning: English and American Studies at the Beginning of the 21st Century.* Krakow: Jagiellonian University Press, 325-338.

Cartier-Bresson, Henri (1952). *The Decisive Moment.* New York: Simon & Schuster.

Chandler, Raymond (1988) [1964]. *The Simple Art of Murder.* New York: Vintage Books.

Chapman, Siobhan (1999), Cristopher Routledge. „The pragmatics of detection: Paul Auster's City of Glass", in *Language and Literature*, vol. 8, no. 3, 1999, 241-253.

Chatman, Seymour (1978). *Discourse: Nonnarrated Stories. Story and Discourse: Narrative Structure in Fiction and Film.* Ithaca: Cornell UP.

Cohen, Josh. „Desertions: Paul Auster, Edmond, Jabès, and the Writing of Aschwitz", in *The Journal of the Midwest Modern Language Association*, Vol. 33, No. 3, Autumn, 2000 - Winter, 2001, 94-107.

Collodi, Carlo (1995) [1881]. *Pinocchio.* New York: Grolier.

Contat, Michel és Alyson Waters (1996). „The Manuscript in the Book: A Conversation", in *Yale French Studies*, 89, 1996, 160-187.

Creeley, Robert (1994). „Austerities", in *Review of Contemporary Fiction*, Vol. 14, Spring 1994, 35-42.

Csuhai István (2000). „Egy amerikai irodalmi író", in Margocsy István (szerk.). *Holmi* 2000/5, 619-623.

Dällenbach, Lucien (1977). *Le Récit spéculaire.* Paris: Seuil.

Dällenbach, Lucien (1989). *The Mirror in the Text.* Chicago: University of Chicago Press.

de Man, Paul (1977). „Az önéletrajz mint arcrongálás", (ford. Fogarasi György) in Darvasi László et alii. (szerk.). *Pompeji.* Szeged, 1997/2-3, 93-107.

Derrida, Jacques (1991). *Grammatológia.* (ford. Molnár Miklós) Szombathely: Életünk szerkesztősége.

Derrida, Jacques (1976). *Of Grammatology.* Baltimore: John Hopkins University Press.

Dimovitz, Scott A. (2006). „Public Personae and the Private I: De-Compositional Ontology in Paul Auster's *The New York Trilogy*", in *MFS Modern Fiction Studies* – Volume 52, Number 3, Fall, 613-633.

Dirver, Tom (1961). „Beckett at the Madeleine", in *The Columbia University Forum.* Summer 1961.

Dupin, Jacques (1992). *Jacques Dupin's Selected Poems.* Newcastle-upon-Tyne: Bloodaxe Books.

Eakin, John (1998). „Relational Selves, Relational Lives: The Story of the Story," in Thomas Couser and Joseph Fichtelberg (szerk.). *True Relations: Essays on Autobiography and the Postmodern.* G. Westport, CT: Greenwood Press, 63-81.

Eco, Umberto (1984). *The Role of the Reader – Exploration in the Semiotics of Texts.* Bloomington: Indiana University Press.

Egyed Péter (2002). „A filozófia szabadságprogramja és a szubjektivitás-kritika a posztmodern után", in *Studia universitatis Babes-Bolyai - Philosophia*, 1/2002, 40-53.

Euripides. *Bakkhai* (2001) [i.e. 405]. (ford. Reginald Gibbons) Oxford: Oxford University Press.

Farkas Zsolt (2003). *Pszichoretorikai vizsgálódások egy ambivalencia-elmélethez.* Kiadatlan PhD disszertáció, Szeged.

Finkelstein, Norman (1995). „In the Realm of the Naked Eye," in Dennis Barone (szerk.). *Beyond the Red Notebook.* Philadelphia: University of Pennsylvania Press, 44-60.

Finkelstein, Norman (1992). *The Ritual of New Creation - Jewish Tradition and Contemporary Literature.* State University of New York Press.

Ford, Mark (1999). „Inventions of Solitude: Thoreau and Auster", in *Journal of American Studies*, 33, 1999/2, 201-219.

Foucault, Michel (1977). *A Preface to Transgression. Language, Counter-Memory, Practice: Selected essays and Interviews.* (ford. Donald F. Bouchard és Sherry Simon) Ithaca: Cornell Univesity Press.

Foucault, Michel (1995). *Discipline and punish: the birth of the prison.* New York: Vintage Books, 1995.

Foucault, Michel (1990). *Felügyelet és büntetés.* (ford. Fázsy Anikó) Budapest: Gondolat Kiadó.

Foucault, Michel (1981). „The Order of Discourse", in Robert Young (szerk.). *Untying the text: A Post-Structuralist Reader.* Boston: Routledge & Kegan Paul.

Freud, Sigmund (2001) [1919]. „The Uncanny," in Julie Rivkin and Michael Ryan (szerk.). *Literary Theory: An Anthology.* Oxford: Blackwell Publishers Inc., 418-430.

Frye, Northrop (1976). *The Secular Scripture: A Study of the Scripture of Romance.* Cambridge: Harvard University Press.

Genette, Gérard (2006). *Metalepszis – Az alakzattól a fikcióig.* (ford. Z. Varga Zoltán) Budapest: Pesti Kaligramm Kft.

Genette, Gérard (1988). *Narrative Discourse Revisited.* Ithaca: Cornell University Press.

Gide, André (1967). *Journals 1889-1949.* Hammondsworth: Penguin.

Glynos, Jason és Jason Stravrakakis (2002). *Lacan and Science.* London: Karnak Books.

Greenlee, Douglas (1973). *Peirce's Concept of Sign.* The Hague-Paris: Mouton.

Gregory, Sinda és Larry MacCefferey (1991). „An Interview with Paul Auster", in *Missisippi Review: Interview Issue 20.* 1991/1-2., 49-62.

Gurganus, Allan (1994). „How Do You Introduce Paul Auster in Three Minutes?", in *Contemporary Fiction*, Spring, 1994, 7-10.

Hammett, Dashiell (1974). *The Continental Op.* New York: Random House.

Hamsun, Knut (2001) [1890]. *Éhség.* Háttér Kiadó.

Hegel, Georg Wilhelm Friedrich (1981). *Enciklopédia I-III.* (ford. Szemere Samu) Budapest: Akadémiai Kiadó.

Hegel, Georg Wilhelm Friedrich (1980). *Esztétikai előadások I-III.* (ford. Szemere Samu és Zoltai Dénes) Budapest: Akadémiai Kiadó.

Hegyi Pál (2014). „A Form that Accomodates the Mess", in Titus Pop (szerk.). *Proceedings of The Third Edition of ELLE International Conference.* Cluj-Napoca: Casa Cartii de Stiinta, 105-114.

Hegyi Pál (1999). „Ami Austernek nem zsánere", in Kürtösi Katalin et alii. (szerk.). *Szövegek között III.*, Szeged: SZTE BTK ÖIT, 69-83.

Hegyi Pál (2010). „Extended Mise-en-Abyme in Paul Auster's Moon Palace", in *AMERICANA: E-JOURNAL OF AMERICAN STUDIES IN HUNGARY*, Vol. VI., No. 2., Fall 2010. Elérés: http://americanaejournal.hu/vol6no2/hegyi. Hozzáférés dátuma: 2010. december 06.

Hegyi Pál (2013). „GPS-drawing – test, rács/háló", in Milián Orsolya és Odorics Ferenc (szerk.). *Retro.* Budapest–Szeged: Gondolat Kiadó–Pompeji, 95-108.

Hegyi Pál (1996). „Paul Auster's anti-detection", in Fried István et alii. (szerk.). *Szövegek között*, Szeged: SZTE BTK ÖIT, 170-185.

Hegyi Pál (2006). „The Continuity of Interpretation (The Semiotic and Poetic function of the mise-en-abyme in Paul Auster's The Music of Chance)", in Fried István és Sághy Miklós (szerk.). *Szövegek között – Among Texts.* Szeged: SZTE BTK ÖIT, 89-97.

Heidegger, Martin (1989). *Lét és Idő.* (ford. Vajda Mihály et alii.) Budapest: Gondolat.

Hindus, Milton (szerk.) (1984). *Charles Reznikoff Man and Poet.* Orono, Me: National Poetry Foundation, University of Maine at Orono.

Ignatieff, Michael (1987). *The Russian Album.* New York: Viking.

Iser, Wolfgang (2001). *The Act of Reading – A Theory of Aesthetic Response.* London and New York: Routledge.

Jabès, Edmund (1988). *If There Were Anywhere but Desert: The Selected Poems of Edmond Jabès.* Barrytown: Station Hill Press.

Jabès, Edmund (1992). *The Book of Questions.* (ford. Rosmarie Waldrop) Middletown CT: Wesleyan University Press, 1992.

Jabès, Edmund (1985). *The Sin of the Book: Edmond Jabès.* Lincoln and London Nebraska University Press.

Jablonczay Tímea (2008). „A bezárt szoba. Auster New York trilógiája mint én-elbeszélés," in Mekis D. János és Z. Varga Zoltán (szerk.). *Írott és olvasott identitás - Az önéletrajzi műfajok kontextusai.* Budapest: L'Harmattan, 370-380.

Jablonczay Tímea (2006). „A téves hívással kezdődött minden", in *Filológiai közlöny.* 52. Évf. 1-2. szám/2006, 120-134.

Jakobson, Roman (1971). „Language in Relation to Other Communication Systems." in *Selected Writings*. The Hague: Mouton.

Kafka, Franz (1999) [1912]. *Az átváltozás*. Európa Kiadó.

Kafka, Franz (1995). *Elbeszélések*. Ferenczy Kiadó.

Kafka, Franz (1978). *Elbeszélések*. Kolozsvár: Kriterion Kiadó.

Kristeva, Julia (1982). *Powers of Horror: An Essay On Abjection*. New York: Columbia University Press.

Lacan, Jacques (1973). *Les quatre concepts fundamentaux de la psychanalyse*. Paris: Seuil.

Lacan, Jacques (1986). *The Four Fundamental Concepts of Psycho-analysis*. (ford. Alan Sheridan) New York: Penguin.

Lacan, Jacques és Jeffrey Mehlman (1972). „Seminar on 'The Purloined Letter'", *Yale French Studies, no. 48*, 39-74.

Lacan, Jacques (1992). *The Seminar. Book VII. The Ethics of Psychoanalysis, 1959-60*. (ford. Dennis Porter) New York: W.W. Norton & Company Inc., 1992.

Lacan, Jacques (1993). *The Seminar. Book III. The Psychoses, 1955-56*. (ford. Russell Grigg) London: Routledge, 1993.

Landow, George P. (szerk.) (1994). *Hyper/Text/Theory*. Baltimore: Johns Hopkins University Press.

Lavender, William (1993). „The Novel of Critical Engagement: Paul Auster's *City of Glass*", in *Contemporary Literature*, 34:2, Summer1993, 219-239.

Little, William G. (1997). „Nothing to Go On: Paul Auster's *City of Glass*", in *Contemporary Literature*, Vol. 38, No. 1, Spring, 1997, 133-163.

MacLeish, Archibald (1985). *Collected Poems, 1917-1982*. Boston: Houghton Mifflin.

Magny, Claude-Edmund (1950). *Histoire du roman français depuis 1918*. Paris: Le Seuil.

Malmgren, Carl D. (1995). „Detecting/Writing the Real: Paul Auster's City of Glass," in Theo D'haen and Hans Bertens (szerk.). *Narrative Turns and Minor Genres in Postmodernism. Postmodern Studies. 11*. Amsterdam: Rodopi, 177-201.

Malmgren, Carl D. (1987). „'From Work to Text': The Modernist and Postmodernist Kunstlerroman", in *NOVEL: A Forum on Fiction*, vol. 21, no. 1, 1987, 5-28.

Martin, Wallace (1988). *Recent Theories of Narrative*. Ithaca, NY: Cornell University Press.

McCaffery, Larry (1955). *After Yesterday's Crash: The Avant-Pop Anthology*. Penguin Books.

Melville, Herman (2008) [1891]. *Billy Budd és más elbeszélések*. Budapest: Scolar.

Merivale, Patricia (1997). „The Austerized Version", in *Contemporary Literature*, 38:1, 1997 Spring, 185-197.

Miller, D. A (1988). *The Novel and the Police.* Berkeley: U of California Press.

Miller, Jacques-Alain (1977-78). „Suture (Elements of the Logic of the Signifier)", in *Screen* 18.4, Winter 1977-78, 24-34.

Miller, J. Hillis (1985): *The Linguistic Moment From Wordsworth to Stevens.* Princeton University Press.

Morris, Wright (1989). *Time Pieces: Photographs, Writing and Memory.* New York: Aperture.

Moss, Maria (1995). „Demons at Play in Paul Auster's The Music of Chance", in *American Studies*, 40:4, 1995, 695-708.

Most, Glenn W. és William W. Stowe (1983). *The Poetics of Murder: Detective Fiction and Literary Theory.* San Diego, CA: Harcourt Brace Jovanovich.

Nealon, Jeffrey T. „Work of the Detective, Work of the Writer: Paul Auster's *City of Glass*" in *MFS: Modern Fiction Studies*, 42:1, Spring 1996, 91-110.

Nöth, Winfried (2001). „Semiotic Foundations of Iconicity in Language and Literature," in Olga Fischer and Max Nänny (szerk.). *The Motivated Sign – Iconicity in Language and Literature 2.* Philadelphia: John Benjamins Publishing Co., 17-28.

Országh László és Magay Tamás (1998). *Angol-magyar nagyszótár.* Budapest: Akadémiai kiadó.

Ovidius (1975) [i.e. 8]. *Átváltozások.* (ford. Devecseri Gábor) Budapest: Európa Könyvkiadó.

Pál József (szerk.) (2008). *Világirodalom.* Akadémiai Kiadó.

Pascal, Blaise. *Gondolatok.* (ford. Pődör László) Budapest: Gondolat, 1978.

Peirce, Charles Sanders (1975). „A jelek felosztása," (ford. Szegedy-Maszák Mihály) in Horányi Özséb és Szépe György (szerk.). *A jel tudománya.* Budapest: Gondolat.

Peirce, Charles Sanders (1960). *Collected Papers of Charles Sanders Peirce: 3/4.* Harvard: Belknap Press.

Petit, Phillippe (2008). *Felhőkkel táncoló.* Budapest: Partvonal könyvkiadó.

Petit, Phillippe (1985). *On the High Wire.* (ford. Paul Auster) New York: Random House.

Pléh Csaba (2009). „Interjú Pléh Csabával", in *Litera* 2009. október 03. Elérés: http://www.litera.hu/hirek/debreceni-irodalmi-napok-1. Hozzáférés dátuma: 2009.december 06.

Poe, Edgar Allan, E. C. Stedman és G. E. Woodberry (1894). *The Works of Edgar Allan Poe: Newly Collected and Edited, with a Memoir, Critical Introductions, and Notes.* Chicago: Stone & Kimball.

Poe, Edgar Allan (1918) [1846]. *The Raven and Other Poems, Preceded by The Philosophy of Composition.* Leipzig: Insel-Verlag.

Rabb, Margo (2009). „Steal These Books", in *New York Times* 16 Dec., 2009. Elérés: http://www.nytimes.com/2009/12/20/books/review/Rabb-t.html?_r=2. Hozzáférés dátuma: 2009. december 06.

Rilke, Rainer Maria (1997). *Duiniser Elegien Die Sonette an Orpheus.* Leipzig: Reclam.

Robbe-Grillet, Alain (1965). *Snapshots and Towards a New Novel.* (ford. Barbara Wright) London: Calder and Boyars.

Ron, Moshe (1978). „The Restricted Abyss. Nine Problems in the Theory of mise-en-abyme", in *Poetics Today* 8, no. 2, (1987), 417-438.

Rosello. Mireille (1994). „The Screener's Maps: Michael de Certeau's „Wandersmänner" and Paul Auster's Hypertextual Detective," in George P. Landow (szerk.). *Hyper/Text/Theory.* Baltimore: Johns Hopkins University Press, 121-158.

Rowen, Norma (1991). „The Detective in Search of the Lost Tongue of Adam: Paul Auster's *City of Glass*", in *Critique: Studies in Contemporary Fiction*, 32:4, Summer 3 (1991), 224-235.

Rubin, Derek (1995). „'The Hunger Must Be Preserved at All Cost': A Reading of *The Invention of Solitude*," in Dennis Barone (szerk.). *Beyond the Red Notebook.* Philadelphia: University of Pennsylvania Press, 60-71.

Rubenstein, Roberta (1998). „Doubling, Intertextuality, and the Postmodern *Uncanny*: Paul Auster's *New York Trilogy*", in *Literature Interpretation Theory* 9, no. 3 (1998), Vol 9, 245-262.

Russell, Alison (1990). „Deconstructing *The New York Trilogy*: Paul Auster's Anti-Detective fiction." *Critique: Studies in Contemporary Fiction* 31:2, Winter 1990, 71-84.

Saltzman, Arthur M. (1990). *Designs of Darkness in Contemporary American Fiction.* Philadelphia: University of Pennsylévania Press.

Sarmento, Clara (2002). „Paul Auster's *The New York Trilogy*: The linguistic Construction of an Imaginary Universe", in *Interdisciplinary Literary Studies: A journal of Criticism and Theory*, Vol. 3, Penn State Altoona: 2002, 82-100.

Schneck, Peter (2000). „Pop Goes the Novel: Avant-Pop Literature and the Tradition of the New," in Elisabeth Kraus és Carolin Auer (szerk.). *Simulacrum America – The USA and Popular Media.* Rochester, NY: Camden House, 64-74.

Spanos, William V. (1972). „The Detective and the Boundary: Some Notes on the Postmodern Literary Imagination." *Boundary 2*, vol. 1, no. 1, 1972, 147-168.

Sperber, Dan és Deirdre Wilson (1995). *Relevance: Communication and Cognition.* Oxford: Blackwell.

Szabó, Anna T. (1996). „The Self-Consuming Narrative: Paul Auster's *New York Trilogy*", in *The Anachronist* 19–21, 1996, 266-79.

Tani, Stefano (1984). *The Doomed Detective, The Contribution of the Detective Novel to Postmodern American and Italian Fiction*. Illinois: Southern Illinois University Press.

Tamás Bényei (2000). *Rejtélyes rend – A krimi, a metafizika és a posztmodern*. Budapest: Akadémiai kiadó.

Tinyanov, Jurij (1988). „Az irodalmi tény, Az irodalmi fejlődésről," (ford. Soproni András) in Bókay Antal és Vilcsek Béla (szerk.). *A modern irodalomtudomány kialakulása*. Budapest: Osiris, 228–247.

Thoreau, Henry David (2006) [1854]. *Walden*. New Haven, CT: Yale University Press.

Todorov, Tzvetan (2002). *Bevezetés a fantasztikus irodalomba*. Budapest: Napvilág Kiadó.

Todorov, Tzvetan (1975). *The Fantastic: A Structural Approach to a Literary Genre*. P of Case Western Reserve U.

Todorov, Tzvetan (1977). *The Poetics of Prose*. (ford. Richard Howard) New York: Cornell University Press.

Tysh, Chris (1994). „From one Mirror to Another: The Rhetoric of Disaffiliation in *City of Glass*", in *Review of Contemporary Fiction*, Vol. 14, Spring 1994, 46-55.

Vághy László (1994). „A mű és tükörképei", in *Nagyvilág*, 1994/10, 470-471.

Varvogli, Aliki (2001). *The World that is the Book, Paul Auster's Fiction*. Liverpool: Liverpool University Press.

Walker, Joseph S. (2002). „Criminality and (Self) Discipline: The Case of Paul Auster", in *MFS: Modern Fiction Studies*, 48:2, Summer 2002, 389-421.

Wesseling, Elizabeth (1991). „*In the Country of Last Things*: Paul Auster's Parable of the Apcalypse", in *Neophilologus 75*, 1991, 496-504.

White, Curtis (1994). „The Asuter Insistance: A ficto-biography", in *Review of Contemporary Fiction*, Spring Vol. 14, 1994, 26-32.

White, John J. (2001). „The semiotics of the mise-en-abyme," in Olga Fischer and Max Nänny (szerk.). *The Motivated Sign – Iconicity in Language and Literature 2*. Philadelphia: John Benjamins Publishing Co., 29-53.

Žizek, Slavoj (1996). „A Valós melyik szubketuma?" (ford. Csontos Szabolcs) in Kiss Attila Attila, Kovács Sándor sk., Odorics Ferenc (szerk.). *Testes Könyv I.*, Szeged: Ictus-JATE, 195-238.

www.ingramcontent.com/pod-product-compliance
Lightning Source LLC
Chambersburg PA
CBHW072021040426
42447CB00009B/1683